SYSTÊME SOCIAL.

<hr>

TOME TROISIEME.

SYSTÊME SOCIAL.

OU

PRINCIPES NATURELS

DE LA MORALE

ET

DE LA POLITIQUE.

AVEC UN EXAMEN

DE

L'INFLUENCE DU GOUVERNEMENT

SUR LES

MOEURS.

Discenda virtus est; ars est bonum fieri; erras si existimas vitia nobiscum nasci; supervenerunt, ingesta sunt.
SENEC. EPIST. 124.

TOME TROISIEME.

LONDRES.

M DCC LXXIII.

SYSTÊME SOCIAL.

TROISIEME PARTIE.

DE L'INFLUENCE

DU

GOUVERNEMENT SUR LES MOEURS;

Ou des caufes & des remedes de la Corruption.

CHAPITRE I.

Des vraies fources de la Corruption des Mœurs. De l'Opinion

Tout fe réunit pour prouver que, des différentes caufes capables d'influer fur les hommes, il n'en eft pas qui agiffe fur eux d'une façon plus marquée, que le Gouvernement. Pour peu que nous réfléchiffions fur ce qui fe paffe fous nos yeux, nous reconnoîtrons les empreintes de l'adminiftration dans le caractere, dans les opinions, dans les loix, dans les ufages, dans l'éducation & dans les mœurs des Nations. La nature donne les corps ; le climat contribue au tempérament ; mais le Gouvernement modifie, & la nature, & le climat. La nature infpire aux hommes les mêmes paſſions : la force ou la foibleſſe de ces paſſions dépendent du tempérament ; mais le Gouvernement dirige les paſſions données par la nature & maîtriſe le tempérament lui - même. Donnez des arbres de la même eſpece à des cultivateurs différents, & vous les verrez varier étrangement par la culture qu'ils recevront. Les Princes ſont les cultivateurs ; les hommes, qui ſont les mêmes par leur nature, ſe diverſifient entre leurs mains ; ſuivant les ſoins qu'ils leur donnent, ils produiſent des fruits agréables ou pernicieux.

Un illuſtre moderne (1) ſemble accorder au climat une influence trop grande ſur les inſtitutions humaines. Quoiqu'on ne puiſſe pas nier que cette cauſe n'agiſſe d'une façon très-marquée ſur les hommes & ne contribue viſiblement à pluſieurs de leurs uſages, de leurs loix, de leurs opinions, &c ; il ſuffit pourtant d'ouvrir les yeux pour s'appercevoir que ce n'eſt pas le climat qui influe de la façon la plus forte ſur les êtres de l'eſpece humaine & ſur leurs inſtitutions. Ne voyons-nous pas le Deſpotiſme établir également ſon trône dans les ſables brûlants de la Lybie, & dans les forêts glacées du Septentrion ; dans les plaines fertiles de l'Indoſtan, & dans les déſerts de la Scythie ? Il eſt vrai que l'habitant énervé d'un pays chaud, dont le ſol généreux lui fournit preſque tous ſes beſoins ſans culture, doit être plus mou, plus lâche, plus efféminé, & par conſéquent plus diſpoſé à recevoir des fers que l'habitant robuſte d'un pays montueux ou d'une terre ingrate qui l'oblige à travailler : mais pourquoi voit-on l'Ara

_____

(1) Le Préſident de Monteſquieu dans *l'Eſprit des Loix.*

be vagabond éluder depuis tant de siecles le joug de l'esclavage, qui depuis des milliers d'années accable le Persan, l'Egyptien & le Maure ses voisins? Le climat de l'Arabie differe - t - il donc beaucoup de celui de la Chaldée, de l'Assyrie, de Maroc? Le Tartare indomté habite-t-il une région plus favorable que le Sibérien? Est - il un mortel plus endurci à la fatigue & pourtant plus esclave que le Russe, le Japonois & le Turc? Ils bravent la mort avec courage, & cependant ils vivent dans les fers.

Mais sans aller chercher des exemples éloignés, ne voyons-nous pas le pays des Romains, des conquérants du monde, habité de nos jours par des esclaves qui rampent aux pieds d'un Prêtre? Les Espagnols & les Portugais, engourdis aujourd'hui dans l'esclavage, la paresse & la misere, n'occupent-ils donc pas les contrées qui furent jadis cultivées par des Ibériens & des Lusitaniens remplis de courage & d'activité? Enfin le climat, le soleil, la terre ont-ils changé pour ces Grecs qui, descendus des défenseurs les plus généreux de la liberté, tremblent aujourd'hui à la vue d'un Janissaire?

Ce n'est donc pas le climat qui fait les hommes ce qu'ils sont, ou qui influe sur leurs mœurs de la façon la plus forte; c'est sur - tout *l'opinion*, qui n'est elle-même que l'assemblage des idées transmises & perpétuées par l'Education, la Religion, le Gouvernement, & continuellement fortifiées par l'exemple, & par l'habitude qui parvient à les identifier, pour ainsi dire, avec nous. L'opinion vraie est celle qui se fonde sur l'expérien ce & la raison.   L'opinion fauſſe eſt celle qui n'a pour baſe que l'ignorance & le préjugé ; celle-ci eſt la véritable ſource du mal moral : en s'emparant de l'eſprit des Souverains & des Peuples, elle les aveugle ſur leurs intérêts les plus ſenſibles ; elle les trompe ſur les objets qu'ils ſont faits pour déſirer ; elle allume leur imagination pour de vaines chiméres ; elle les fait marcher à tâtons dans le chemin de la vie ; ils ſe heurtent les uns les autres ſans ceſſe dans la route deſtinée à les conduire au bonheur ; ſemblables à des voyageurs égarés pendant une nuit obſcure, ils ſont à tout moment ſéduits par des lueurs trompeuſes & paſ-ſageres qui les détournent de la voie pour les conduire à leur perte.

Pourquoi voyons-nous la terre en proie à des tyrans qui la ravagent & qui ſemblent avoir juré d'en bannir la félicité ? C'eſt que l'opinion leur montre le bonheur, la puiſſance & la gloire dans des conquêtes ruineuſes, dans un faſte puérile, dans des dépenſes frivoles, dans des paſſions ex-travagantes qu'ils ne peuvent contenter qu'en rendant les Peuples miſérables. Pourquoi voyons-nous des Nations autrefois généreuſes, mainte-nant écraſées ſous le joug honteux d'un Deſpotis-me accablant ? C'eſt que chez elles l'opinion a changé : c'eſt que la violence des Conquérants & des Deſpotes a briſé le reſſort des eſprits : c'eſt que la ſuperſtition, complice de la Tyrannie, eſt parvenue à dégrader les ames & à les rendre lâ-ches, craintives, inſenſibles. Pourquoi voyons--nous des Peuples entiers ſe faire remarquer par -des perfidies, des trahiſons, des aſſaſſinats, des

mœurs infâmes: c'eſt que l'opinion les ſoumet,
d'un côté, à des maîtres dont les exemples les fa-
miliariſent avec la violence, le parjure, le ma-
chiavéliſme, la fauſſeté; & de l'autre, à des prêtres qui, loin d'éclairer les hommes, les font
croupir dans la plus profonde ignorance, à l'om-
bre d'une religion vénale toujours prête à expier
les crimes les plus noirs. Pourquoi voyons-nous
des Nations enivrées de l'enthouſiaſme du commerce & de la paſſion des richeſſes, leur ſacrifier
imprudemment leur repos, leur bien-être préſent,
leur liberté? C'eſt que l'opinion leur perſuade
que l'argent conſtitue ſeul le vrai bonheur, tandis qu'il n'en eſt que la repréſentation trompeuſe,
& qu'il ne contribue en rien à la félicité publique. Pourquoi trouvons-nous à quelques Nations
un caractere de vanité, d'étourderie, de frivolité, qui les détourne des objets les plus intéres-
ſants pour elles? C'eſt qu'un Gouvernement
vain, inconſtant, léger, regle l'opinion d'une
foule d'inconſidérés qui s'imaginent qu'il eſt beau
d'imiter les folies & les vices auxquels les Princes & les Grands donnent par leurs exemples
la ſanction publique. Enfin pourquoi preſque
par - tout les hommes ſont - ils injuſtes, pervers, occupés à ſe rendre la vie déſagréable?
C'eſt qu'il n'exiſte nulle part une éducation
capable de rectifier l'opinion publique communément dépravée: c'eſt que par-tout, le Gouvernement invite les hommes à ſe corrompre, & les
empêche de s'éclairer: c'eſt que par - tout ceux
qui pourroient exciter & ſolliciter efficacement
les hommes au bien, les ſollicitent puiſſamment
au mal, leur rendent le vice néceſſaire, & leur

font regarder la vertu comme directement oppo-
ſée à leur bonheur.

Tout nous montre donc la néceſſité de combattre l'opinion fauſſe, pour lui ſubſtituer l'opinion vraie. Que l'on ne nous diſe pas que l'homme eſt incorrigible, que ſes erreurs lui ſont cheres, qu'il tient à ſes préjugés. L'expérience ne
nous montre-t-elle pas que ſes opinions ont changé? Il eſt vrai que ſouvent il n'a quitté une erreur que pour en embraſſer une autre; mais cela
ne prouve point que ſon cœur ſoit fait pour le
mal, ni ſon eſprit pour le menſonge; cela prouve ſeulement que faute d'expérience les hommes
ont été ſouvent les dupes de ceux qui leur pré-
ſentoient des chimeres pour des réalités; qui leur
montroient le bien - être dans des objets où il
n'exiſtoit pas; qui n'ont fait que diverſifier leurs
préjugés, ſans jamais leur annoncer la vérité
dont ces guides n'avoient eux - mêmes aucune
idée.

Si l'opinion eſt parvenue à changer peu-à-peu
des Grecs & des Romains libres & courageux,
en des eſclaves abjects & mépriſables; pourquoi
la vérité ne parviendroit - elle pas à changer des
hommes fatigués de leurs miſeres, en des citoyens généreux, en des enthouſiaſtes de la liberté
& de la vertu? De quel droit croiroit - on que le
menſonge ſeul ait le pouvoir d'allumer l'imagination & d'échauffer les cœurs des Peuples? Pourquoi la vérité ne feroit-elle pas des enthouſiaſtes
de ceux qui auront une fois ſenti à quel point
elle eſt néceſſaire au bonheur des Nations? Si la

passion de la liberté s'est vivement réveillée dans l'ame des Britons ou des Bataves, & les a fait sortir de l'engourdissement où les tenoit le Despotisme; pourquoi à leur exemple d'autres Nations n'ouvriroient-elles pas les yeux sur leurs droits & sur leurs intérêts les plus chers? Enfin quelles raisons aurions-nous pour désespérer qu'il pût jamais se trouver des Souverains magnanimes & vertueux qui, fatigués des voies tortueuses & peu sûres d'une fausse Politique, comprissent à la fin leurs véritables intérêts, & renonçassent aux maximes d'un Despotisme insensé, dont l'effet fut & sera toujours d'anéantir, & le bonheur du Prince, & celui des Sujets?

C'est à l'expérience, à la réflexion, à la vérité, qu'il appartient de dessiller les yeux des hommes & de ceux qui les conduisent. La raison seule peut les remettre dans le chemin propre à les mener au terme qu'ils désirent. A son défaut, la nécessité, dont la main puissante se fait sentir aux Peuples, ainsi qu'à leurs Maîtres, forcera tôt ou tard, & les uns, & les autres de recourir à la vérité, à la raison, à l'équité comme aux uniques remedes de leurs longues folies & de leurs calamités devenues insupportables. Le malheur, ce grand maître des hommes, les rend plus prudents, & plus sages; l'adversité meurit l'esprit des mortels; les coups redoublés de l'infortune forcent la frivolité même à réfléchir. Il vient un tems où la raison trouve des ames disposées à l'entendre; il vient un tems où l'équité rencontre dans les Peuples des matériaux propres à s'allumer pour elle. Il vient un tems où l'esclave s'indigne des fers qu'il a longtems portés. Enfin il vient un tems où les tyrans eux-mêmes font obligés de chercher un afyle près des autels de la vertu qu'ils avoient méprifée.

Ainsi la voix mâle de la vérité, loin d'offen-fer les Princes, eft néceffaire pour les avertir à tems des dangers qui les menacent : s'ils refufent de l'entendre, elle réveillera les Peuples du fom-meil funefte dans lequel tout confpire à les tenir. Cette vérité ne peut déplaire qu'à ceux à qui l'erreur perfuade que leur propre bonheur confifte à faire le mal. Les Conducteurs des Peuples ont-ils donc intérêt de les égarer ? Leur intérêt n'eft-il pas de les conduire fûrement, facilement, gaiement, & de leur procurer des avantages qui rejailliront fur eux-mêmes ? Il eft utile d'infpirer une crainte falutaire à ces Defpotes, fi fouvent endormis fur les bords des précipices que l'adula-tion & le menfonge font perpétuellement occu-pés à creufer fous leurs Trônes. Qu'ils tremblent à la vue des ravages que produifent leur indolen-ce, leurs injuftices, leurs paffions, leurs extra-vagances : qu'ils connoiffent enfin le prix de la raifon ; qu'ils ceffent de perfécuter la vérité ; qu'ils s'éclairent eux-mêmes ; qu'ils éclairent leurs fujets ; qu'ils apprennent que c'eft de la bonté des mœurs que dépend le bonheur folide des Na-tions & de leurs Chefs. Que leurs fujets appren-nent d'eux, que nul homme ne peut être heu-reux, s'il ne fe foumet aux loix de la vertu.

Les Princes, quand ils ouvriront les yeux, fe convaincront aifément que les malheurs des Na-tions, dont ils fouffrent continuellement eux-mê-

més, ne font dûs qu'aux idées trompeufes qu'une
fauffe Politique leur donne de leurs propres intérêts; aux flatteries dont des cours aviliés les em-
poifonnent ; aux confeils funeftes des hommes
fans lumieres dont ils font entourés. Ils trouveront les caufes des calamités les plus fréquentes
& les plus durables, dans l'aveugle frénéfie qui,
prefqu'à tout moment les entraîne à la guerre ;
dans des impôts exceffifs ; dans des injuftices
journalieres dont l'effet eft de décourager les
Peuples, & de leur faire haïr l'autorité qui ne fe
manifefte, que par fes rigueurs. Ces Princes
verront la fource des vices & des crimes dans la
corruption des cours, ces fentines refpectées,
d'où la contagion part pour infecter les citoyens.
Ils fentiront que c'eft l'injuftice du Gouvernement qui rend les hommes méchants, injuftes,
trompeurs, envieux, jaloux & vains, toujours
prêts à fe nuire. Ils reconnoîtront la vraie cau-
fe de la rareté des talents, du mérite & de la
vertu, dans la négligence de l'adminiftration, dans
fon indifférence fur l'éducation publique, dans
fon peu de foin à récompenfer le vrai mérite,
dans fa partialité trop commune pour l'incapacité
& le vice complaifants. Ils trouveront la fource
d'une infinité d'abus criants & de tranfgreffions
dans des loix partiales, dans des ufages barbares,
dans des coutumes directement contraires au bien
public. Ils s'appercevront que les exemples funeftes que donnent aux nations, ceux-mêmes qui
devroient leur fervir de modeles, font les caufes
vifibles de tant de défordres qui anéantiffent pour
la plupart des citoyens la félicité publique & particuliere. Tout leur fera fentir les conféquences

fatales d'un luxe effréné, d'une paſſion déſordonnée pour les richeſſes, d'une ſotte émulation de
vanité, en un mot, de toutes ces folies qui conduiſent un Etat à ſa ruine. Enfin, tout leur
prouvera que, pour devenir & plus heureux &
meilleurs, les Peuples ont beſoin d'inſtruction,
de lumieres, de liberté; que l'ignorance ne peut
faire que des ſtupides; que le préjugé ne fait que
des inſenſés; que la tyrannie ne fait que des eſclaves dangereux; que la raiſon ſeule peut faire
des citoyens tranquiles, ſages, vertueux & ſoumis à une autorité raiſonnable.

On exige preſque toujours des effets contraires
à leurs cauſes. Vouloir de la vertu, de la raiſon,
& des mœurs avec un Gouvernement violent,
avec une cour corrompue, avec des exemples
déraiſonnables, n'eſt-ce pas exiger qu'un arbre
deſſéché produiſe des fruits agréables? La réforme des mœurs ne peut être que l'effet d'une adminiſtration ſage. Des mœurs dépravées, des
vices épidémiques, des folies multipliées, des
crimes fréquents, annoncent toujours la corruption des chefs, des inſtitutions mauvaiſes, des
préjugés nuiſibles, une éducation défectueuſe,
des opinions impertinentes.

Opposer les préceptes merveilleux & la morale impraticable d'une religion ténébreuſe, aux
iniquités des Princes & des Peuples, c'eſt oppoſer des phantômes, des hypotheſes, des mots à
des paſſions puiſſantes que tout conſpire à fomen-
ter. Recommander la modération, le mépris
des richeſſes, l'équité, la raiſon, à des hommes
vains, plongés dans le luxe, gouvernés par des

maîtres injuftes & déraisonnables, qui ne favorifent que les qualités qu'ils trouvent conformes à
leurs vues, c'eft évidemment leur faire entendre
qu'il faut renoncer à la fortune. Les confeils fublimes que la Religion fait defcendre du ciel,
ne font pas faits pour les habitans de la terre.
Les principes de la morale la plus fimple & la
plus vraie font déjà perpétuellement contredits
par les exemples des Princes & des Grands, &
par ce qui fe paffe dans la Société. Comment
après cela ces principes pourroient-ils influer fur
la pratique? La morale reffemble à une fille aimable, dont tout le monde admire la beauté,
mais que perfonne ne veut époufer parce qu'elle
n'apporte point de dot.

Il n'y a qu'un Gouvernement équitable qui, à
l'aide d'une légiflation éclairée, puiffe rendre les
hommes plus fagés & leur prêcher la morale avec
fruit. Un Gouvernement inique & déraisonna-
ble ne formera jamais que des hommes injuftes,
vicieux, vains, frivoles, étourdis, incapables
d'écouter & de fuivre la raifon, à qui la vertu
même doit paroître incommode & ridicule.

CHAPITRE II.

Des influences du Gouvernement sur les Grands d'une Nation.

ON s'apperçoit & l'on se plaint des effets, & toujours on s'obstine à fermer les yeux sur leurs vraies causes. Les préjugés de la superstition, l'adulation des Cours, la violence & l'impéritie des Princes, l'inertie & l'ignorance des Peuples ont, comme on a vu, fait éclore le Despotisme & la Tyrannie. Ce Gouvernement, ou plutôt ce brigandage est devenu le fléau des Nations, le destructeur de tout ordre, l'ennemi de tout bien, le corrupteur de toute morale. La Politique destinée à conduire les Peuples à la félicité, ne fut presqu'en tout pays qu'un guide aveugle qui les égara, que l'instrument de leur malheur, la source des préjugés, de la déraison, des vices & des folies sans nombre dont les sociétés sont les victimes. L'art de gouverner les hommes, par un abus honteux, n'est trop communément devenu que l'art de les tromper, de les diviser, de les opposer les uns aux autres ; de les rendre ou méchants ou insensés, afin de les asservir & de les dépouiller avec plus de facilité.

Sous un Gouvernement tyrannique peut-il y avoir des mœurs, & à quoi la vertu pourroit-elle conduire ? Toute morale n'est-elle pas incompatible avec le Despotisme qui met perpétuellement le caprice aveugle en la place de la raison & de la loi, qui foule aux pieds la juftice, l'humanité, la pitié, la modération, les droits les plus facrés des hommes? Non; la vertu n'eft pas faite pour des Efclaves enchaînés par un Maître qui les traîne au gré de fes propres défirs: les défirs d'un Tyran font toujours déréglés. Les Peuples ne feront juftes & raifonnables, que lorf-qu'ils feront gouvernés par des chefs juftes & rai-fonnables. L'équité & la raifon ne font point faites pour être, ni connues, ni enfeignées, ni pra-tiquées par ceux qui haïffent l'équité, qui profcri-vent la raifon, qui craignent la vérité, qui refufent de voir clair & qui mettent tout en œuvre pour empêcher que leurs fujets ne s'éclairent.

TOUT homme injufte eft fait pour haïr l'é-quité qui le condamne, & la vertu, dont la conf-cience lui montre qu'il eft lui-même dépourvu. La tyrannie doit craindre les vertus fociales; elle doit appréhender tout ce qui tend à rapprocher les citoyens, à les unir d'intérêts, à refferrer les nœuds de la fociété. D'un autre côté l'hom-me de bien ne peut aimer ni foutenir la Tyran-nie, dont la marche eft contraire à toute vertu. Un tyran ne peut aimer que ceux qui lui reffem-blent & qui lui font utiles; il lui faut des flat-teurs, des approbateurs de fes iniquités, des mi-niftres fans pitié, des confeillers injuftes, des efclaves divifés dont les paffions difcordantes de-viennent néceffaires à fa propre fûreté, & fer-vent à cimenter fon pouvoir. *Divifez pour régner,* fut toujours la maxime la plus chere aux tyrans.

TOUT homme qui jouit d'un pouvoir abfolu, n'a plus aucuns motifs pour bien faire. Quels motifs pourroit avoir de s'inftruire ou de conte-

nir ſes paſſions, un homme qui peut tout faire impunément; dont les délires mêmes ſont reſpec-
tés; qui a le pouvoir d'écraſer par ſa force tous
ceux qu'il ne peut pas ſéduire par ſes largeſſes ?
Comment faire concevoir à un véritable Briarée
qui a deux cents mille bras armés à ſes ordres,
qu'il doit quelque choſe à des malheureux qui
n'ont chacun que deux bras dont ils n'oſent ſe
ſervir ? Comment mettre un frein aux paſſions
d'un Prince gonflé de l'idée de ſa propre grandeur, & rempli de mépris pour tous les autres
hommes ? Comment contenir un homme qui,
pour l'accompliſſement de ſes volontés les plus
bizarres, ſe trouve en état de mettre en jeu les
volontés & les paſſions d'aſſez de ſatellites, pour
faire taire les plaintes & les ſoupirs importuns
de tous ſes ſujets ? Le pouvoir abſolu anéantit
aux yeux de tout homme qui l'exerce, tous les
liens de la Société, & par conſéquent tous les
devoirs de la morale.

L'OISIVETÉ eſt, dit-on, *la mere de tous les
vices.* Tout homme qui n'eſt pas pouſſé au travail par quelque intérêt puiſſant, n'eſt gueres tenté de s'occuper. L'indolence & la pareſſe s'em-
parent communément des Princes qui, prévenus
dans tous leurs ſouhaits, n'ont aucune peine à
prendre pour obtenir les objets de leurs vœux.
Nourris dans la moleſſe & dans la haine du travail, ils n'ont contre l'ennui, d'autres reſſources
que la volupté, la débauche, la diſſipation continuelle, le jeu des plaiſirs extraordinaires &
couteux, les ſeuls qui ſoient aſſez piquants pour
donner des ſecouſſes paſſageres à leurs ames en-
gourdies. Des amuſements continuels ſont in-

compatibles avec l'adminiſtration d'un Etat; il faut donc s'en débarraſſer & la confier à d'autres. Mais un Prince dépourvu de lumieres & d'activité, n'emploie que ceux que l'intrigue lui propoſe. Un Prince vicieux ne choiſit que ceux qui le mettront à portée de contenter ſes fantaiſies. Sans talents, ſans mérite & ſans vertu lui-même, il eſt un juge incompétent du talent, du mérite, de la vertu. Un Deſpote ne connoît d'autre mérite, que celui de lui plaire, d'autre talent, que celui de ſatisfaire ſes volontés. Le bien de l'Etat lui eſt parfaitement indifférent; il le déteſte, dès qu'il s'oppoſe à ſes paſſions, qui jamais ne veulent rien trouver d'impoſſible.

Pour inviter efficacement les hommes à ſe corrompre, il ſuffit d'élever & de récompenſer la baſſeſſe, & d'étouffer ou punir la grandeur d'ame. (2) Dans tout ce qu'ils font, les hommes ne cherchent que l'honneur, le bien-être, la fortune; s'ils ne les voient attachés qu'au mal, ils ſe livrent au mal, & ne regardent la vertu que comme un ſacrifice trop douloureux pour vouloir y conſentir. Il faut ne pas ſentir la liaiſon néceſſaire des choſes, pour être ſurpris de voir que, ſous un mauvais Gouvernement, les faveurs, le crédit, les diſtinctions & les places ne peuvent pas être le prix des lumieres & de la probité. Si, ſous une pareille adminiſtration, l'homme de bien parvenoit aux emplois diſtingués, c'eſt alors que l'on auroit lieu d'être ſurpris.

____

(2) *Ubi malos præmia ſequuntur, haud facilè quisquam gratuitò bonus eſt.*

SALLUST.

Le mérite donne de la hauteur, de la fierté, de la grandeur d'ame. La vertu s'eftime & fe refpecte elle-même; les grands talents ignorent l'art de ramper. Ils déplaifent par conféquent à ceux qui veulent qu'on rampe devant eux; ils font ombrage aux hommes vains, futiles, médiocres, qui feuls font les difpenfateurs des graces. Il feroit contre nature de voir des miniftres abjects qui ne croient pas à la vertu, aimer & protéger des ames nobles, favorifer des talents qui les éclipferoient eux-mêmes, faire cas de la vertu qui leur paroît une chimere. Il eft dans l'ordre des chofes que, fous une adminiftration corrompue, il y ait une longue chaîne de corruption, depuis le maître jufqu'au dernier de fes fuppots. Il eft dans l'ordre des chofes que des hommes de cette trempe déteftent les gens de bien, & leur préferent des frippons, des flatteurs, des fycophantes, des intriguants difpofés à tout faire.

L'ambition ou le défir de s'elever au-deffus des autres eft, comme on l'a fait voir, une paffion naturelle à l'homme. Elle eft très légitime dans celui qui fe fent capable de fervir utilement fes concitoyens. Un Gouvernement fage peut & doit mettre en jeu cette paffion, afin d'avoir des coopérateurs actifs propres à feconder fes projets. Les grandes places font dans les mains du Prince, des récompenfes capables d'exciter les talents. Un Gouvernement tyrannique ne demande que des complices. Un tyran vicieux ne veut auprès de fa perfonne, que des hommes qui lui reffemblent. Un Prince qui a la confcience de fa propre incapacité, craindroit d'avoir des

Miniftres

Miniſtres qui l'effaceroient aux yeux de ſes Sujets.

U.n Prince qui emploie de mauvais miniſtres travaille à ſa propre ruine. On nous dira, ſans doute, que les Princes ſont des hommes, & qu'ils peuvent être trompés: mais tout Souverain qui a des yeux, ne peut être longtems trompé; ſa négligence eſt impardonnable, s'il perſiſte dans ſon aveuglement. S'il eſt difficile de connoître le cœur des hommes, il eſt au moins aiſé de juger de leurs talents par leur conduite. Eſtil rien de plus imprudent, que ces Princes qui remettent l'adminiſtration à des hommes que l'on voit ſouvent incapables de gérer leurs propres affaires, noyés eux-mêmes de dettes, plongés dans la diſſipation & la débauche? Un Miniſtre ſans principes, ſans lumieres, ſans mœurs, ſans prudence eſt-il un homme bien propre à gouverner un Etat? Mais les Princes trouvent communément dans les agents qu'ils emploient; tous les talents requis, pourvu qu'ils aient celui de les amuſer, de les débarraſſer des affaires, de les flatter dans leurs goûts, de les endormir ſur leurs devoirs les plus importants. (3)

L a matiere premiere des gens en place eſt entiérement viciée ſous un Goûvernement Deſpotique; tout homme de bien y eſt parfaitement déplacé. Les vertus publiques, la décence, la bonne foi, l'humanité, l'équité ſont inutiles & dan-

___

(3) Un Souverain Moderne, à qui l'on repréſentoit la mauvaiſe conduite, de ſon premier Miniſtre; après avoir tranquilement écouté, répondit, *Je ſais que c'eſt un frippon, mais j'y ſuis accoutumé, & il me fait entendre de très bons opéras.* Ce Miniſtre peu de tems après l'engagea dans une guerre qui le priva de ſes Etats pendant pluſieurs années.

gereufes, fous des maîtres à qui le bien public fait ombrage. Comment un Defpote vicieux & prodigue pourroit-il s'accommoder d'un Miniftre équitable & compatiffant qui, au lieu d'imaginer des moyens de contenter fes caprices, tenteroit fottement de l'attendrir fur les maux de fon peuple? Le Miniftre d'un Tyran doit avoir un cœur de fer & un front d'airain. Sa tête ingénieufe doit tenter l'impoffible & faire éclore chaque jour des reffources nouvelles, afin de fatisfaire la rapacité d'un maître ingénieux & de fes courtifans infatiables. Le miniftre fidele d'un Defpote doit fe mettre au-deffus de la honte, des remors & des jugements publics. Quel eft l'homme honnête qui pourroit confentir à fe charger d'une place, dans laquelle il eft fûr de n'avoir jamais que du mal à faire à fes concitoyens?

D'où l'on voit que, par-tout où le Defpotifme a fixé fa demeure, il ne peut y avoir qu'une longue chaîne de Tyrans qui, chacun dans leurs fpheres, font éprouver au Peuplé des vexations fans nombre. Un Souverain indifférent fur le bonheur de fa Nation exciteroit-il entre fes Miniftres l'émulation & le défir de bien faire? Un Prince prodigue & gouverné par des adulateurs, des fycophantes, des maîtreffes; un Prince dont les befoins finiffent par ne plus avoir de bornes; un Prince dont les fantaifies les plus ruineufes ne veulent rien trouver d'impoffible, ne peut être fervi que par des Miniftres injuftes & violents qui n'emploieront eux-mêmes que des hommes peu fcrupuleux fur les moyens de faire leur cour & de travailler à leur propre fortune.

Sous un Gouvernement arbitraire, nul cito-

yen n'eſt tenté d'acquérir du mérite & des talents;
il ſçait que les récompenſes & les places ne ſont
réſervées qu'à l'intrigue, & diſtribuées par le caprice injuſte ; il devient donc intriguant, &
s'embarraſſe fort peu de mériter. Perſonne ne
s'occupe du bien de l'Etat, lorſque les diſtributeurs des graces le négligent eux-mêmes, & n'ont
aucuns égards aux ſoins que l'on ſe donne pour
ſervir la Patrie, Un paſſe-droit, une récompenſe ôtée à un citoyen qui la mérite, privent non-
ſeulement l'Etat de ſes ſervices, mais encore
des ſervices & des talents de tous ceux qui auroient été tentés de l'imiter. Il n'eſt plus d'émulation véritable dans un pays où la médiocrité,
l'intrigue, la faveur, le crédit anéantiſſent les
droits du mérite & de la vertu.

Le Sage doit-il ſe mêler des affaires publiques? Il le doit, quand il ſe ſent capable de ſervir ſon pays, auquel il doit ſes lumieres & ſes
talents. L'homme de bien peut-il ſe permettre
des mouvements d'ambition ? Il le peut & le
doit, quand il prévoit pouvoir faire le bien. L'ambition eſt une vertu dans les ames qui ſe ſentent
aſſez fortes pour faire un grand nombre d'heureux: l'ambition eſt un crime dans ceux qui ne
ſavent que nuire. L'ambition eſt une lâcheté
ſous le Deſpotiſme, où l'on ne parvient que par
des infamies, & où l'on ne ſe maintient que par
des intrigues, des baſſeſſes & des forfaits. Sous
un Tyran, l'ambitieux n'eſt qu'un Eſclave adroit
qui cherche à ſe tirer de la troupe des opprimés,
pour paſſer dans celle des oppreſſeurs.

CHAPITRE III.

*De la corruption des Loix, ou du renver-
sement des idées de Justice.*

Un Gouvernement injuste familiarise les esprits des sujets avec l'injustice, & fait que peu-à-
peu ils s'accoutument à la voir sans horreur. La
justice est, comme on l'a dit ailleurs, la base de
toutes les vertus sociales, un centre commun
d'où toutes les autres doivent partir. Cependant
rien de plus rare au monde que cette vertu si nécessaire à la félicité publique & particuliere. L'i-
dée en est presque totalement effacée de l'esprit
des Peuples; ou plutôt elle n'est pas née dans
leurs têtes. Si les hommes avoient des idées
nettes de l'équité, il n'y auroit pas tant de tyrans & d'esclaves dans le monde: chacun con-
noissant ses propres intérêts respecteroit ceux
des autres.

A Force de voir & d'éprouver des injustices,
le plus grand nombre des hommes semble se per-
suader qu'en effet *la raison du plus fort, est toujours la meilleure.* Un grand philosophe n'a pas
rougi de faire de ce principe absurde la base de
sa Politique, (4) & beaucoup de personnes éclai-
rées sont encore les dupes des sophismes dont il
l'a très ingénieusement appuyée. La force, selon

____

(4) Thomas Hobbes dans son Traité *du Citoyen* & dans le
Léviathan.

lui, eſt l'unique fondement du pouvoir, & c'eſt le pouvoir ſeul qui décide le juſte & l'injuſte. Ainſi les lumieres du bon-ſens n'ont encore pu juſqu'ici bannir des principes vraiment barbares & ſauvages, de l'eſprit de bien des gens qui ſe donnent néanmoins pour des êtres civiliſés : il eſt très peu d'hommes au monde qui, d'après ce qu'ils voient, ne parviennent à croire que le foible eſt deſtiné par la nature à devenir la proie, le jouet, l'eſclave du plus fort, & conſéquemment que la Société doit néceſſairement ſe partager en oppreſſeurs & en opprimés.

LES hommes puiſſants jouiſſent toujours de l'impunité; les crimes les plus deſtructeurs de la Société ſe commettent tous les jours de ſon aveu & ſous ſes yeux. Tout Prince, tout homme en place, tout ſuppôt du pouvoir ſuprême peut ſans danger ſe permettre les violences les plus criantes. Les tyrans ont pour principe que leurs agents doivent jouir d'une puiſſance auſſi illimitée que la leur : ils pardonnent aiſément les crimes qui n'ont que les Peuples pour objet: l'abus même du pouvoir qu'ils confient, ſemble flatter leur vanité; ils s'imaginent être puiſſants, parce qu'ils n'ont aucun frein eux-mêmes, & prétendent avoir le droit d'accorder à d'autres la faculté qu'ils regardent comme le ſigne de la grandeur. Sous un Deſpote, le miniſtre n'eſt gueres puni du mal qu'il fait à ſa Nation; ſon ſeul crime eſt toujours de déplaire à ſon maître, ou à ceux qui diſpoſent de l'amour ou de la haine de ce maître peu accoutumé à juger par lui-même.

C'EST une maxime abominable, introduite par la Politique la plus aveugle, que celle qui perfuade aux Souverains que *l'autorité ne doit ja-mais reculer*. En conféquence de ce principe, la réclamation la plus jufte de la part du foible, eft prefque toujours traitée d'infolence puniffable: on eft tout étonné de l'audace d'un malheureux qui ofe réfifter au mal que veut lui faire un hom-me plus puiffant que lui. Sous un Gouverne-ment defpotique, le Peuple a toujours tort; fes repréfentations font taxées de révoltes; fes do-léances font punies comme féditieufes; on diroit que les Nations en fe donnant des chefs, ont perdu le droit même de leur demander juftice; ceux-ci, ainfi que les agents qu'ils emploient, fe prétendent infaillibles comme la Divinité. C'eft ordinairement à coup d'épée, que les Princes ré-pondent aux gémiffements de leurs fujets. De quel droit en effet des Magiftrats ou des Sujets oferoient-ils mettre obftacles aux volontés de ceux qu'ils ont la folie de regarder comme des Dieux, ou comme les images de la Divinité fur la terre?

Sous un Gouvernement violent, les citoyens font tellement ifolés, féparés d'intérêts, indiffé-rents au bien public, concentrés en eux-mêmes, que les injuftices & les oppreffions les plus mar-quées qu'ils voient éprouver à leurs concitoyens, ne les touchent aucunement, & fouvent les ré-jouiffent. La marque la plus complette de ftupi-dité, c'eft d'être infenfible à l'iniquité; la mar-que la plus complette de folie, c'eft d'en rire ou de l'approuver. Tout homme qui n'eft point allarmé d'une injuftice faite au plus obfcur de fes concitoyens, eft un imbécille qui ne mérite lui-même que des fers. Le propre d'un mauvais

Gouvernement eſt de faire que chacun ne ſonge qu'à lui-même, & ne s'embarraſſe aucunement des ſouffrances des autres. Un Grand qui, glorieux de ſes vains privileges ou de ſa faveur, applaudit à l'injuſtice de ſon maître, ne ſait-il donc pas que la fantaiſie de ce maître pourra l'écraſer lui-même & mettre au néant les privileges dont ſa faveur lui permettoit de jouir?

La juſtice a preſqu'en tout pays deux balances; l'une qui ſert à peſer les droits des Grands; l'autre, à peſer ceux du Pauvre. Rendre juſtice aux citoyens, c'eſt leur faire une grace; elle demande à être fortement ſollicitée, & l'on ne peut communément l'obtenir ſans crédit. S'agit-il de juger quelqu'un, on s'informe de ce qu'il eſt, & non de ce qu'il a droit de prétendre. Par-tout où il faut des ſollicitations, du crédit, des richeſſes, des amis pour obtenir la juſtice, le foible eſt néceſſairement la victime du plus fort ou du plus intriguant. (5)

Par la négligence de ceux qui gouvernent les hommes, par leur imprudence, & ſouvent par leur mauvaiſe foi, les coutumes les plus déraiſonnables, les inſtitutions les plus aviliſſantes pour les Peuples, les injuſtices les plus marquées, dès qu'elles ont duré longtems, ſe convertiſſent en loix & conferent des droits. Rien de plus aiſé que de ſe faire des droits, quand on eſt le plus fort. Rien de plus difficile que de réclamer contre ces droits, quand on eſt le plus foible.

____

(5) „ Les loix ſont des filets aux travers deſquels les petits „ poiſſons s'échappent, que les grands poiſſons rompent, & qui „ n'arrêtent que les poiſſons de moyenne taille." Voyez SHENS-TONÈS WORKS p. 151.

Les abus les plus criants fe changent en loix facrées, quand ils fubfiftent pendant longtems. (6)

Ce n'eft pas la raifon & l'équité qui gouvernent les Nations, c'eft la force appuyée de la routine, qui regle defpotiquement leur fort. Il n'eft point de préjugé qui mette plus d'obftacles à la reforme des abus & à la perfection des inftitutions humaines, que la vénération peu raifonnée que l'on montre par-tout pour les anciens ufages & pour les loix de fes peres. (7) La maxime de *ne rien innover*, a été vifiblement dictée par l'ignorance & la pareffe. Avec un *c'eft l'ufage*; l'équité, le bon-fens, l'évidence font réduits à fe taire. Les Politiques bornés fe font des phantômes effrayants de tout changement. L'indolence & l'incapacité font échouer les projets les plus utiles. Rien n'eft plus merveilleux que les raifons fubtiles que la fotife imagine quand il s'agit de réformer des abus!

On diroit que les Nations n'ont reçu de la nature aucuns droits, & que ceux dont elles jouiffent, ne font dûs qu'à l'indulgence de leurs Souverains. S'agit-il de ftipuler les intérêts d'un Peuple, ou de réclamer la juftice pour lui, on a recours à des titres antiques, à des chartes obfcu-

____

(6) Telles font les vexations exercées fur les habitans de la campagne fous prétexte de *droits Seigneuriaux*, de droits de *Mainmorte*; & fur-tout de *droits de chaffe* &c. Il y a des pays où les champs qui avoifinent les forêts font entiérement ravagés par les cerfs, les fangliers, les daims, les bêtes fauves &c. La chaffe, cet amufement fi chéri des Princes, n'eft pas un des moindres fléaux pour les Peuples.

(7) L'illuftre Leibnitz, parlant de l'autorité que l'on perfifte à donner aux loix & aux coutumes anciennes & barbares dit que *c'eft vouloir qu'on fe nourriffe de gland depuis que l'on poffede l'art de cultiver le froment.* Voyez LEIBNITZ SCRIPTORES RERUM BRUNSWIC. TOM. I, PAG. 79.

res & défectueuses, à des monuments équivo-
ques & douteux ; (8) plus ces titres font anciens, moins ils font fages, & plus on les révere.
Cependant les droits des Nations font fondés fur
la nature: ils font inaliénables. Les droits de
l'homme font auffi anciens que l'efpece humaine;
les droits de la juftice ne peuvent jamais fe pres-
crire. Les intérêts & les befoins préfents; les
circonftances actuelles mettent la Société en droit
d'annuller les inftitutions qui la bleffent. Un abus,
une injuftice, un ufage déraifonnable devien-
nent-ils donc au bout de mille ans plus fages,
plus juftes ou meilleurs que le premier jour.

On nous parle fans ceffe de la fixité que les
loix doivent avoir. L'on oppofe fans ceffe aux
projets les plus avantageux & les plus équitables,
des inftitutions qui datent de l'origine des Monarchies ou du berceau des Nations; mais il s'a-
git de voir fi ces chofes conviennent à l'Etat
préfent de ces Nations: les loix font faites pour
les Peuples, & non les Peuples pour les loix.
Une loi, dit Locke, *doit difparoître, dès que la
Société eft plus heureufe fans cette loi. Ce n'eft pas,*
dit Tertullien, *le nombre des années, mais la fageffe & le poids de ceux qui ont fait les loix, c'eft
l'équité feule de ces loix qui les rend eftimables;
ainfi l'on a raifon de les rejetter quand on les trouve
iniques. (9)*

(8) Les Anglois ne fondent leur liberté que fur une charte obs-
cure & très groffiere, extorquée au Roi Jean par les barons de
fon royaume qui fe trouverent à portée de lui faire la loi. Elle
eft connue en Angleterre fous le nom de *Charta magna.*

(9) *Leges non annorum numerus, fed Conditorum dignitas,
fed fola æquitas commendat; atque ideò, fi iniquæ cognofcuntur,
meritò damnentur.*
Voyez TERTULL. APOLOG.

Lorsque l'on considere les légiflations bigar-
rées qui fervent de regle à la plupart des Nations, on n'y trouve nul plan, nul fyftême, nul
enfemble ; elles ne préfentent que des maffes irré-
gulieres, fans goût, fans ordonnance, affez fem-
blables à ces villes dans lefquelles on ne voit
qu'un affemblage de maifons de ftructures différentes ; des rues fans alignement & remplies de
détours montrent des deux côtés des mafures go-
thiques & ruineufes, à côté de Palais d'une architecture plus moderne. On peut juger, par le
goût qui regne dans chaque édifice, des talents &
du génie du fiecle qui l'a vu naître. Cependant
la demeure qui convenoit aux ayeux, devient
fouvent très incommode pour les defcendants,
ceux-ci rifquent même quelquefois d'être écrafés,
lorfqu'ils different trop longtems à l'abbattre ou
à en fortir.

Si pour donner une fixité inébranlable à leurs
droits fi fouvent ufurpés, les Souverains ont établi pour maxime que ces droits font imprefcrip-
tibles, inaliénables & facrés. Si, comme on le
prétend, *les Rois font toujours mineurs*, pourquoi
les droits des Nations, dont le confentement
feul peut faire les Souverains légitimes, ne feroient - ils pas auffi facrés que ceux des Rois? Si
les Rois, comme ils prétendent, font les tuteurs
des Peuples ; ils reconnoiffent dès lors que les
Peuples font des *Mineurs*, dont les Tuteurs ne
peuvent rien faire à leurs préjudices. N'eft - il
pas bien étrange que les Nations, prefqu'en tout
pays, foient privées des reffources juridiques
que les loix accordent à tout citoyen, & ne puis-
fent jamais revenir contre les actes de la violence
ou de la mauvaife foi?

Les Nations gémissent presque par-tout sous le joug de loix vicieuses & surannées, d'usages aussi injustes qu'onéreux, de vexations multipliées que ceux qui les exercent ont le front d'appeller des droits. Cependant les hommes y tiennent; ils sont en garde contre les nouveautés: ils ont communément si peu de confiance dans ceux qui les gouvernent, qu'ils craignent même leurs bienfaits. Un Gouvernement qui veut réformer avec succès, doit commencer par éclairer ses sujets & s'attirer leur confiance. Les loix & les formes, quelque défectueuses qu'elles soient, sont en bien des pays les seules barrieres qui défendent bien ou mal les Peuples contre les attentats de leurs Tuteurs & de leurs Peres,

Les loix civiles établies chez toutes les Nations, & subsistantes encore chez elles, ont été & sont encore les effets de la force, du caprice, de l'avidité, de la fausse Politique des Conquérants ou des Princes. Il n'est gueres de Peuples sur la terre, qui ait des loix vraiment conformes à la nature de l'homme vivant en société, accommodées à ses besoins présents, à sa position actuelle, à ses intérêts véritables. Tous les pays sont soumis à des loix formées par des sauvages, au sein du tumulte & de la guerre, combinées avec celles qui convenoient auparavant à d'autres Nations. Rien de plus rare qu'un code fait exprès pour le Peuple que l'on force d'y obéir. Les différentes provinces d'un même État ont souvent des poids, des mesures, des coutumes & des loix très différentes, & une jurisprudence toute contraire à celle de leurs concitoyens.

Il pleuvera des pieges sur eux (10). C'est un passage qu'un savant Jurisconsulte applique très bien à tous les Peuples que la multiplicité, l'obscurité, la malignité de leurs loix rend si souvent plus malheureux, que s'ils n'en avoient pas. Dans la plupart des contrées de ce monde; loin d'avoir des idées claires de l'équité, les hommes ne sont pas en état de rien comprendre aux loix contradictoires, confuses, énigmatiques qu'ils sont forcés de suivre. La jurisprudence, comme la religion, se fonde sur des livres que le Peuple n'entend pas, & sur le sens desquels les jurisconsultes sont aussi peu d'accord, que les Prêtres sur les dogmes qu'il faut croire. Cette jurisprudence étant toute remplie de mysteres, les Nations sont forcées de stipendier une foule de Prêtres de Thémis qui vendent leurs oracles aussi chérement que les Prêtres du Très-Haut. A juger des choses par la Jurisprudence & la Théologie, on diroit que les hommes ne sont pas faits pour rien comprendre aux matieres qui les intéressent le plus. A l'aide des loix, nul citoyen n'est sûr de ses droits; sa fortune peut devenir la proie de tout chicanneur exercé. Les loix sont si embrouillées, qu'une maxime qui passe pour sensée dit, *de s'accommoder quand on a raison, & de plaider quand on a tort.* L'obscurité des loix

(10) *Pluet laqueos super eos.* Le Chancelier Bacon dit que les loix d'Angleterre subissent le supplice imaginé par Mezence, *les vivantes meurent entre les bras des mourantes.* Les Loix Romaines adoptées en partie par la plupart des Nations modernes, ne leur conviennent aucunement. Les *Pandectes* de Justinien découvertes au douzieme siecle ont fait un grand mal aux Nations barbares dont les Chefs ignorants ont adopté les Loix Romaines, faute d'en savoir faire de plus convenables aux besoins de leurs Sujets.

fait qu'elles ont befoin d'interprêtes ; & ces interprêtes deviennent les maîtres, & de la loi, & du fort des citoyens.

Un mauvais Gouvernement trouve fon compte à obfcurcîr & à multiplier fes loix ; par là le Defpote en eft toujours le maître, les fait fervir à fon caprice, & les emploie à volonté, foit pour fauver le coupable, foit pour égorger l'innocent. Tacite dit avec grande raifon que *plus un Etat eft corrompu, & plus on y fait de loix* (11). Un double inconvénient accompagne toujours la multiplicité des loix ; l'un eft d'empêcher les Peuples de les connoître ; l'autre de multiplier les juges & les forces néceffaires pour les faire obferver ; forces toujours plus nuifibles au bonheur des Nations, que les loix inftituées ne peuvent leur être avantageufes.

Rien de plus abfurde que de prétendre que la connoiffance des loix de fon Pays n'eft pas faite pour ceux qui doivent les obferver. Tout myftere annonce toujours l'intention de tromper ou de jetter dans l'embarras. Il faut que chaque membre de la Société entende & connoiffe les regles de la Société, afin de s'y conformer. Un Code fimple & court de loix conformes au bonfens naturel, feroit & plus utile & plus facile à retenir, qu'un *Catéchifme* inintelligible que l'on enfeigne fans aucun fruit au vulgaire ignorant.

Que dirons-nous du délire ou de l'abus que l'on voit régner dans quelques Nations, où le droit fi Noble de rendre la juftice aux citoyens,

____

(11) *In corruptiffimâ Republicâ plurimæ leges.* TACIT. ANNAL.

s'achette à prix d'argent & se transmet comme un héritage ! Ainsi dans ce pays il suffit d'être riche, ou d'être né d'un juge, pour acquérir le droit de décider de la fortune, de la liberté, de la vie de ses concitoyens ! A quel point les idées d'équité doivent-elles s'anéantir chez des Peuples qui sont obligés de payer la justice, de solliciter pour l'obtenir, & qui voient tous les jours des citoyens ruinés par l'ignorance, la partialité, l'injustice de leurs juges !

AINSI tout se corrompt & se change en poison sous une administration corrompue. La justice elle-même y devient un fléau redoutable ! On a dit avec la plus grande raison que *la justice est souvent la plus grande des injustices* (12). La jurisprudence qui décide du sort des citoyens ne leur donne presqu'en tout pays que les idées d'une justice fictive ou conventionelle, qui ôte le droit à celui à qui la nature & la raison le donnent, & qui fait continuellement passer la propriété de l'homme simple & de bonne foi à celui qui a plus de chicane & de ruse. *La forme*, dans toutes les Nations, *emporte le fond*: c'est-à-dire met les droits les plus justes au néant.

(12) *Summum jus, summa injuria.* Si l'usage ne parvenoit pas à familiariser les esprits avec les injustices les plus absurdes & les plus révoltantes, pourroit-on n'être pas choqué de voir que dans des Nations raisonnables & civilisées, les loix, adjugent à l'aîné d'une famille tous les biens de son pere, & ne laissent rien ou très peu de choses aux puînés & aux sœurs ? Ces loix. aussi barbares que contraires à la nature, se fondent sur les intérêts de quelques Nobles, dont la vanité demande que *la splendeur d'une famille soit conservée.* Mais l'intérêt de l'État demande que les biens se partagent entre le plus grand nombre possible de citoyens; & la nature crie à un pere qu'il est un homme odieux de donner le jour à des enfans, pour enrichir l'un d'entre eux & plonger les autres dans l'indigence.

D'U N autre côté, cette jurifprudence mafquée fous le nom de juftice, eft une vraie pomme de difcorde : elle divife les familles ; elle rend les concitoyens fourbes & alertes à fe furprendre ; elle favorife la force contre la foibleffe, la fourberie contre la candeur, l'impofture contre la franchife. En un mot, on pourroit définir la connoiffance pénible des loix bizarres & fouvent injuftes qui fervent de regle aux Nations, *l'art d'embrouiller & de détruire les idées naturelles de l'équité dans l'efprit des hommes, afin d'y fubfiftuer la fraude, la furprife & la mauvaife foi.*

S O L O N difoit qu'il n'avoit donné aux Athéniens que *les loix les meilleures qu'ils puffent recevoir.* Un Gouvernement fans équité ne peut faire que des Loix injuftes ; une Nation d'efclaves n'eft fufceptible que de loix accablantes ; un Peuple corrompu ne peut recevoir que des Loix analogues à fa dépravation habituelle. Il faut inftruire, former, éclairer les hommes ; & furtout les rendre libres, pour les rendre capables de recevoir de bonnes Loix. Quelles Loix peuvent donner des Tyrans à qui l'injuftice & le crime font toujours néceffaires ? De quelles Loix font fufceptibles des hommes aveugles que la force entraîne fans ceffe vers la méchanceté ?

CHAPITRE IV.

De la Source des Crimes.

C'EST visiblement à l'injustice, à la Tyrannie, à la négligence de ceux qui gouvernent les hommes, que sont dus les crimes fréquents dont on voit les Nations inondées. L'homme du Peuple est par-tout un vrai sauvage, dont l'esprit & le cœur n'ont été nullement cultivés: le soin de ses mœurs est abandonné à des Prêtres qui, comme nous l'avons fait voir, contents de lui remplir l'imagination de terreurs, de fables, de chimeres, & de l'obliger à se conformer à des pratiques machinales, ne songent aucunement à le rendre, ni raisonnable ni sociable. Communément en tout pays le Peuple est très dévot, très crédule, très zêlé pour sa Religion à laquelle il ne comprend rien, très disposé à seconder les intérêts de ses Prêtres qu'il suit aveuglément; mais il demeure toujours dans une ignorance complette des Principes de la vraie morale; il n'a nulle idée d'équité, d'humanité, de sensibilité, il trouve le secret d'allier la Religion avec la débauche, la crapule, & souvent même avec le crime. Les pays les plus aveuglément soumis à la superstition, ne se distinguent dans le monde, ni par la pureté, ni par l'innocence des mœurs.

LES injustes rigueurs du pouvoir arbitraire, les vexations & les mépris des Grands, des Riches, des Gens en place, ôtent à l'homme du Peuple tout sentiment d'honneur, toute estime

pour

pour lui-même: dès lors il est prêt à tout faire pour se tirer de la misere dans laquelle très souvent l'oppression l'a plongé: la dépendance où il vit, l'oblige de se conformer aux vices de ceux dont il a besoin pour subsister, ou dont la bienveillance lui devient nécessaire: il consent aisément à leur sacrifier un honneur, auquel il n'attache aucun prix: il n'a point d'idées de la vertu; il vend sa conscience pour de l'argent ou de la protection; il imite de loin les vices & les travers de ceux qu'il suppose plus fortunés que lui. Des valets que le luxe arrache aux travaux de la campagne, viennent, à la suite des riches & des grands, se livrer dans les villes à une oisiveté fatale qui les porte bientôt à la débauche, à la licence, à la dépense, à la fatuité: ils croient se relever en affectant les airs & les déréglements de leurs maîtres: pour contenter ces passions nouvelles & ces besoins acquis, ils sont forcés de recourir au larcin, à la fraude, & finissent assez souvent par les crimes les plus noirs. Voilà comment de proche en proche la contagion du vice se répand jusques dans les dernieres classes du Peuple: la paresse & la débauche y font éclore des voleurs, & des scélérats dont l'unique ressource est de faire la guerre à la Société, & de se venger par des crimes, soit de la dureté du Gouvernement, soit de sa négligence.

On punit à la Chine le Mandarin dans le département duquel il s'est commis quelque grand crime. C'est à sa propre négligence ou à sa propre injustice qu'un mauvais Gouvernement devroit s'en prendre du grand nombre de malfai-

teurs qui ſe trouvent dans un Etat. La multiplicité des criminels annonce une adminiſtration tyrannique & peu ſoigneuſe. La rigueur des impôts, les vexations, les duretés des Riches &
des Grands font pulluler des malheureux que ſouvent la miſere réduit au déſeſpoir, & qui ſe livrent au crime comme au moyen le plus prompt
pour s'en tirer. Si l'opulence eſt la mere des vices, l'indigence eſt la mere des crimes. Lorsqu'un Etat eſt mal gouverné, que les richeſſes &
l'aiſance ſont trop inégalement réparties, de maniere que des millions d'hommes manquent du
néceſſaire, tandis qu'un petit nombre de citoyens
regorgent de ſuperflu, on y voit communément
beaucoup de malfaiteurs, & les châtiments ne
diminueront point le nombre des criminels. Si
un Gouvernement punit les malheureux, il laiſſe
en repos les vices qui conduiſent l'Etat à ſa ruine; il éleve des gibets pour les pauvres, tandis
que c'eſt lui qui, en faiſant des miſérables, fait
des voleurs, des aſſaſſins, des malfaiteurs de toute eſpece : il punit le crime, tandis qu'il invite
ſans ceſſe à commettre le crime. (13)

ON vante à tout moment les avantages d'une
grande population, & l'on cherche les moyens
de la produire. Ne voit-on pas que par la nature des choſes la population ſe proportionne d'elle-
même à la bonté du Gouvernement, à la ſageſſe
de ſes loix, à la fécondité du ſol, à l'induſtrie

______

(13) *Interdùm puniunt immania ſcelera, cum alioquin ſcelerum
irritamenta præbeant ſuis.*

VOYEZ. ERASMI APOPHTEGM. LIB. I.

des habitans, à la liberté & à la sûreté dont on jouit? Un Gouvernement injuste n'a déjà que trop d'esclaves; il ne sçait pas employer les hommes, il n'en fait que des mendiants, des vagabonds, des malfaiteurs; il ne songe qu'à enrichir quelques citoyens favorisés, aux dépens de tous les autres; il décourage le cultivateur; il décourage l'industrie par des impôts accablants; il rend inutile la fertilité du sol: loin d'attirer de nouveaux habitans, il force les anciens à des émigrations continuelles. Une administration aussi cruelle qu'insensée est-elle donc faite pour jouir des avantages réservés à une administration humaine & raisonnable? Un Gouvernement despotique ne multiplie-t-il pas les vices, la misere & les crimes dans la même progression qu'il commet des injustices? Un pays mal gouverné n'est toujours que trop peuplé. La fermentation dangereuse que doivent nécessairement exciter des malheureux entassés dans une prison malsaine finit par infecter l'air qu'on y respire, & par le rendre mortel.

Au Lieu d'adoucir le sort du cultivateur, afin de l'exciter au travail; au lieu d'occuper utilement le pauvre; au lieu de l'attacher à son pays par des terres qui répondent de sa conduite; au lieu de veiller à l'instruction du Peuple; au lieu d'empêcher les vices & les crimes de germer & d'éclore, un mauvais Gouvernement ne fait qu'aggraver de jour en jour la misere du malheureux. Il force le laboureur d'abandonner une terre maudite qui l'expose à des oppressions sans fin. Il l'oblige de chercher dans la mendicité une subsis-

tance moins pénible; il étouffe en lui le sentiment de la honte & de l'attachement à son pays.
On jette ainsi les semences du vice, de la paresse
& du crime; on les nourrit; on leur laisse jetter
de profondes racines; on leur oppose ensuite des
châtiments peu capables d'en imposer à des êtres
dépravés à qui le crime est devenu nécessaire.
Que de supplices cruels & multipliés une admis-
tration équitable & vigilante ne s'épargneroit-elle
pas! Ne seroit-il donc pas plus sage d'empêcher
les crimes de naître, que de se mettre dans le
cas de les punir & sans cesse & sans fruit? Mais
un mauvais Gouvernement se voit dans l'impossibilité de soulager ses Peuples. L'économie paroît toujours le plus violent des remedes à des
Princes qui jamais ne peuvent consentir à mettre
des limites à leur faste & à leurs extravagances.

L'HOMME qui n'a rien dans un Etat, ne tient
par aucuns liens à la Société. Comment veut-on
qu'une foule de misérables à qui l'on n'a donné ni
principes ni mœurs, restent les spectateurs tran-
quilles de l'abondance, du luxe, de l'opulence su-
perflue, des richesses injustement acquises de tant
de citoyens corrompus qui semblent insulter à la
misere publique, & que l'on voit rarement disposés à la soulager? De quel droit la Société peut-
elle punir de mort un voleur domestique qui aura
été le témoin des rapines impunies & des concussions de son maître; ou qui verra les voleurs publics marcher le front levé, jouir de la considéra-
tion & des hommages de leurs concitoyens, étaler sans pudeur, aux yeux mêmes des chefs de
l'Etat, un faste insolent, fruit de leurs extorsions?

Comment fera-t-on refpecter la propriété des autres, à des malheureux qui ont été eux - mêmes
les victimes de la rapacité du riche, ou qui ont
vu à tout moment les biens de leurs concitoyens
impunément envahis par la violence ou par la
fraude? Enfin comment engager à fe foumettre
aux loix des hommes, à qui tout prouve que ces
loix, armées contre eux feuls, font indulgentes
pour les grands & les heureux de la terre, & ne
font inexorables que pour le malheureux & le
pauvre? *L'on ne meurt qu'une fois;* l'imagination
du fcélérat s'apprivoife peu-à-peu avec l'idée des
fupplices les plus cruels; il finit par les regarder
comme un *mauvais quart d'heure:* mourir pour
mourir; il aime autant périr par la main du bou-
reau, que de périr de faim, ou même que de
travailler infructueufement toute fa vie.

A Quel point les idées du jufte & de l'injufte
ne doivent-elles pas fe confondre dans l'efprit
d'un Peuple, qui ne voit que des exactions, des
concuffions, des rapines exercées de l'aveu &
même par l'ordre du Gouvernement? Quelles notions fe fera de l'équité, un Peuple que fes maîtres
livrent à la rapacité d'une armée de Traitants,
qui s'engraiffent juridiquement & légalement de
la fubftance du pauvre? Que peut penfer des
loix de fon pays, un homme qui s'apperçoit
qu'elles n'ont communément pour objet que de
mettre les grands criminels à couvert des attaques des criminels fubalternes? L'horreur que
l'on devroit avoir pour l'injuftice & le vol ne
doit-elle pas s'anéantir dans tous les efprits, quand
on voit le chef même de la Nation faire un trafic

honteux avec quelques sujets favorisés, de la propriété de tous les autres? Aux yeux de l'équité
naturelle, les impôts ne font-ils pas des vols,
quand ils n'ont pas véritablement pour objet les
befoins réels de la Société? Enfin que fera-ce,
fi des concuffionaires, des exacteurs, des oppreffeurs privilégiés, non feulement ne font
pas méprifés, mais exercent ouvertement un
métier que l'on juge honorable, & paffent pour
être les colonnes d'un Etat?

C'est le défaut de juftice qui pouffe communément les hommes au crime : dès qu'elle eft
foulée aux pieds par les Princes & les Grands;
dès que le fort peut impunément opprimer le
foible; dès que la Société néglige ou refufe de
venger & de protéger, l'homme cherche à fe
faire juftice à lui-même: il fe livre à fes paffions, il fe croit tout permis; il déclare la guerre
à la Société, qui eft forcée de vivre dans des
allarmes continuelles. C'eft faute de juftice que
dans certains pays les affaffinats, les vengeances
particulicres, les trahifons, les empoifonnements
font fi fréquents. Les hommes fe vengent euxmêmes, quand la loi ne veut pas les venger (14).

(14) En Italie, en Efpagne, en Portugal &c. les affaffinats font
très fréquents, parce qu'il eft prefqu'impoffible d'y obtenir aucune
juftice : le Peuple dans ce pays s'intéreffe à l'affaffin, & lui facilite, pour l'ordinaire, les moyens de s'évader. Les Eglifes lui
offrent de plus un azyle. En Angleterre, un affaffin excite l'horreur du Peuple; chacun fe croit intéreffé à le livrer entre les mains
de la juftice. On dit que les Vénitiens ne puniffent pas les affaffinats très fréquents en *terre ferme*; afin d'entretenir la diffenfion
entre des fujets, dont la concorde leur paroîtroit inquiétante. Paufanias affaffina Philippe pere d'Alexandre pour un déni de juftice.

VOYEZ JUSTIN. LIB. IX. CAP. 6.

Dans la punition des crimes, les gouvernements modernes semblent avoir conservé en grande partie la violence & la barbarie des sauvages. Les loix pénales du Despotisme portent sur-tout l'empreinte de son caractere emporté: elles sont communément atroces; son principe est d'inspirer la terreur. Les Tyrans sont trop paresseux, trop indolents, trop privés de lumieres, pour chercher des moyens doux de ramener les hommes ou de les empêcher de nuire: ils ne corrigent qu'avec fureur & en détruisant tout d'un coup. Ils semblent toujours vouloir trouver des coupables & craindre de trouver des innocents: ils emploient des tortures recherchées souvent capables d'arracher d'un malheureux trop foible, l'aveu des crimes qu'il n'aura point commis. En un mot, toujours iniques & dépourvus d'humanité, ils punissent sans mesure & proportionnent le châtiment, non au mal réel fait à la Société, mais à leur colere, à leur vengeance, à leur intérêt. Accoutumés à méprifer l'homme ils l'exterminent avec la plus grande légéreté: le soupçon seul leur suffit quelquefois pour arracher la vie. Les enfans innocents sont punis pour les délits d'un pere coupable; une confiscation aussi injuste que barbare, les prive de tout & les réduit à la mendicité, dans la vue sans doute de les forcer à devenir eux-mêmes des malfaiteurs. L'innocent, après avoir beaucoup souffert, & que sa détention a ruiné, n'obtient aucuns dédommagements. Voilà ce qu'on appelle *rendre la justice* dans bien des Nations !

La clémence d'un Despote est affreuse; elle

n'eſt ſouvent qu'un ſupplice continué, cent fois plus cruel que le trépas: il croit faire grace à ſes victimes, en les plongeant pour la vie dans des cach[...] infectés où l'homme de bien, le citoyen vertueux, pour avoir déplu à quelque viſir injuſt[...] eſt confondu avec les plus grands criminels.

L'EFFET des ſupplices rigoureux eſt d'intéreſſer le Peuple en faveur du malheureux qui les ſouffre; on oublie ſon crime pour s'attendrir ſur ſon ſort. Sous un Gouvernement injuſte, on s'indigne contre la cruauté des loix que l'on ſoupçonne facilement d'injuſtice & de partialité. Qui eſt-ce qui ne ſeroit pas révolté à la vue du ſupplice d'un infortuné qu'un larcin, ſouvent peu conſidérable, fait condamner à la mort? Il faut que l'on faſſe un grand cas de l'argent & bien peu de la vie d'un homme, puiſqu'on la ravit ſi ſouvent pour des bagatelles! Si la pareſſe & le vice produiſent les malfaiteurs, ce ſeroit par le travail qu'il faudroit les punir. Un homme mort eſt perdu pour la Société; celui qui travaille pour elle, lui eſt de quelque utilité; il répare en quelque façon le mal qu'il a pu lui faire (15).

(15) On dit qu'un Empereur de la Chine ayant trouvé qu'à ſon avénement à la couronne, toutes les priſons étoient remplies de criminels qui avoient ſuivant les loix mérité la mort; & ayant vu que d'un autre côté la récolte ne pouvoit ſe faire faute de moiſſonneurs, fit rendre la liberté aux priſonniers, leur ordonna d'aller faire les moiſſons & de rentrer enſuite dans leurs priſons: ils obéirent, & après la récolte ils revinrent dans leurs priſons. Sur quoi l'empereur, touché de leur obéiſſance, leur pardonna & leur rendit la liberté. L'on ajoute qu'aucun d'entre eux ne mérita d'être enfermé une ſeconde fois.

VOYEZ DUHALDE HIST. DE LA CHINE.

ON nous vante tous les jours l'efficacité de la Religion : on nous aſſûre que ſes menaces terribles ſont le frein le plus puiſſant que l'on puiſſe oppoſer aux crimes du Peuple. Mais pourquoi donc voyons - nous un ſi grand nombre de voleurs, d'aſſaſſins, de malfaiteurs de toute eſpece, ſur - tout dans les nations les plus religieuſes, qui, comme on l'a remarqué ſont celles où l'on trouve les mœurs les plus déréglées & les crimes les plus fréquents ? c'eſt que la Religion ne cherche pas à rendre les Peuples raiſonnables ; c'eſt que la Morale qu'elle enſeigne n'eſt ni perſuaſive, ni intelligible pour l'homme du commun ; c'eſt que ſes dogmes obſcurs, ſes terreurs éloignées, ſes chimeres inviſibles ne font qu'une impreſſion paſſagere ſur l'eſprit des malheureux que tout d'ailleurs invite au mal, que la miſere accable, & détermine communément au crime : c'eſt que la Religion n'eſt point aſſez forte pour déraciner les vices que le gouvernement, que des exemples funeſtes, que le luxe ont ſemés & cultivés : c'eſt qu'elle ne peut anéantir des penchants habituels & confirmés, tels que l'ivrognerie, la crapule, la débauche, & ſur - tout la pareſſe opiniâtre qui ſouvent fait préférer le crime & ſes dangers à un travail honnête. Enfin cette Religion ne raſſure - t - elle pas ceux qu'elle menace ? ſi elle fait entrevoir les ſupplices éternels d'une autre vie, ne fait - elle pas eſpérer qu'un repentir ſincere à la mort ſuffit pour effacer les crimes les plus affreux ? Les plus grands ſcélérats ſe promettent toujours de *faire une belle fin* ; ils ſe flattent d'obtenir les récompenſes éternelles en offrant à la Divinité les ſupplices & la mort auxquels les loix les condamnent.

C 5

CE n'eſt pas la religion qui contient les paſſions des hommes. C'eſt l'éducation, l'exemple, la crainte du déshonneur, la raiſon plus
exercée, qui font que les gens du monde tiennent
pour l'ordinaire une conduite plus meſurée, que
les gens de la lie du Peuple, parmi leſquels on
trouve les malfaiteurs que puniſſent les loix.
Toutes ces choſes ſont nulles pour la derniere
claſſe des citoyens, qui n'a d'autre inſtruction
que celle qu'elle reçoit de ſes Prêtres. D'ailleurs
l'homme du Peuple, groſſier lui-même & entouré
d'êtres qui lui reſſemblent, n'a aucune idée de la
décence, de l'honneur, du mérite ou du blâme;
il demeure un automate incapable de réfléchir, &
par conſéquent peu ſuſceptible de honte & de
remors: c'eſt, comme on l'a dit, un vrai ſauva-
ge qui porte dans les villes la brutalité, la ſtupi-
dité, l'imprudence & la déraiſon de l'habitant des
forêts. L'homme du monde eſt un être plus civi-
liſé, plus accoutumé à raiſonner ſur ſa conduite,
à craindre l'opinion publique, à ménager ſa réputation: s'il a des vices, il ſe permet rarement
les crimes qui pourroient tirer à conſéquence;
il ne ſe permet que ceux qu'il voit autoriſés par
le gouvernement; il volera le public, mais il
rougiroit de voler dans la poche d'un citoyen.

Sous un gouvernement aveugle & corrompu,
les remedes qu'on oppoſe à la corruption des
Peuples deviennent eux-mêmes une ſource de
corruption. La *Police* eſt une branche de l'adminiſtration deſtinée à veiller à la ſûreté des villes, à faire obſerver les loix, à exercer une cenſure vigilante ſur les mœurs. Entre les mains
d'un gouvernement pervers, elle ne devient qu'-

une inquifition déteftable, un fléau redoutable, un inftrument de l'oppreffion : on la voit moins occupée de la fûreté publique que de la fûreté particuliere, des intérêts, des vengeances de ceux qui attaquent ouvertement la fûreté des citoyens. Au lieu de réprimer efficacement la dépravation des mœurs, elle l'entretient, elle la paie ; fes fuppots levent des tributs fur la corruption publique, fur la proftitution, fur les délits. Au lieu de former des gens de bien, cette Police en plufieurs contrées inonde la Société d'efpions, de délateurs, d'ames viles & mercénaires qui deviennent les cenfeurs publics & les arbitres du fort des citoyens les plus honnêtes ; c'eft à ceux-ci fur-tout qu'un Gouvernement Tyrannique déclare la guerre ; il fçait que les gens de bien ne peuvent pas applaudir à fes défordres & à fes iniquités. Un Etat peut-il donc être heureux, quand ceux qui gouvernent vivent dans une défiance continuelle des plus honnétes gens ?

QUEL jugement un homme de bien peut-il porter fur une police perpétuellement occupée à chercher dans le fanctuaire des familles, de l'amitié, de la Société, des victimes pour les immoler à la vengeance & aux foupçons des Miniftres ou des Grands, que leur confcience bourrelée force d'être dans des allarmes continuelles fur les difcours des citoyens qu'ils outragent ? Le Defpotifme lâche la bride à tous ceux qui l'exercent, & fuivant la pente de fa violence naturelle, fe venge avec fureur & méconnoit la pitié. Un mot indifcret, une faillie imprudente, font fouvent punis par la perte de la fortune & de la liberté.

Ainsi la vertu la plus noble, la grandeur d'ame, ce fentiment qui révolte l'homme contre l'oppreffion & l'injuftice, font continuellement expofés aux coups d'un Gouvernement pervers, & les objets des recherches de fes infames fuppots. N'en foyons pas étonnés. La Vertu & la Tyrannie font faites pour fe détefter; la tyrannie force la vertu même à méditer fa ruine. Combien de grandes ames & de génies fublimes ont été forcés d'expier dans la captivité, ou même par leur fang, le crime de s'être irrités contre les ennemis du genre humain!

CHAPITRE V.

De l'influence du Gouvernement sur le Caractere National, sur les talents de l'esprit, sur les lettres.

Tout ce qui précede prouve clairement que le Gouvernement influe de la façon la plus marquée sur les mœurs des hommes : il n'influe pas moins sur le caractere, les opinions & l'esprit des citoyens. Les Princes semblent ordonner de faire tout ce qu'ils font eux-mêmes. Les exemples des Grands sont suivis par les Petits ; les cours donnent le ton aux nations, & reglent les notions du vulgaire qui suit aveuglément les impulsions qu'il reçoit de ceux qu'il voit les arbitres de son sort, dont il reconnoît la supériorité, qu'il suppose les plus heureux.

Le Despotisme, dépourvu de lumieres & de raison, montre à celui qui le considere attentivement tous les caracteres de l'enfance. Il fait, il défait, il refait sans cesse. On lui trouve à tout instant les boutades, l'impatience, la présomption, l'étourderie, la frivolité de l'âge tendre. Il seroit aussi utile aux Nations d'être gouvernées par des enfans, que par des maîtres absolus, qui, peu capables de rien prévoir, sacrifient tout à leurs caprices du moment. (16) Il ne peut y avoir rien de ftable fous des Princes qui peuvent détruire tout ce qui gêne leurs fantaifies ; toute regle, toute barriere, toute loi leur devient infupportable. Et la paix & la guerre, & la prospérité & les calamités, la richeffe & la pauvreté, la fortune du Sultan & des Efclaves dépendent à tout moment d'un fil. Les intérêts changeants, les imprudences d'un Vifir, les intrigues d'une Cour, les confeils d'une Femme décident du fort de la Nation & du Chef, & fuffifent pour culbuter le fyftême du Gouvernement.

Dans un Etat Defpotique, tout changement de Miniftre produit un renverfement total dans l'adminiftration. L'effence d'un Gouvernement arbitraire eft de ne fuivre aucun plan. La cabale & l'intrigue placent & déplacent continuellement des hommes fans talents & fans vertus, qui fe tranfmettent de mains en mains un Etat auquel chacun à fa maniere a fait des plaies profondes. Une Nation ne ceffe d'être la victime de l'impéritie, de la voracité, de la négligence, de la malice, de la folie de ceux qui s'arrachent le droit de la tourmenter. Dans un pareil défordre l'unique foin de l'homme en place eft d'intriguer pour s'y maintenir: il néglige la chofe publique; il fait affiduement fa cour; il facrifie la Patrie & le Prince; il laiffe l'Etat devenir ce qu'il peut.

(16) En 1720. l'Empereur de la Chine montra une colere furieufe & difgracia tous les *Kolaos* ou Principaux Miniftres, parce que, pour le jour de fa naiffance, ils lui avoient fait préparer un arc de triomphe moins beau que celui de l'année précédente.
VOYEZ LE VOYAGE DE PETERSBOURG A PEKIN.
PAR MR. A. BELL.

Comment un Ministre qui prévoit que le moindre caprice peut le faire déplacer, qui fait que fon maître, indifférent fur le bien de l'Etat, ne lui fçaura point gré de fes foins & de fes travaux, s'attacheroit-il à bien faire? L'eftime publique n'eft comptée pour rien dans un pays où l'unique intérêt eft de plaire au Prince & de fe faire des amis auprès de lui. Il eft impoffible qu'un homme en place travaille avec attention aux affaires d'une Nation, quand tout fon tems eft employé à ménager l'efprit d'un maître toujours en enfance & des enfans qui l'entourent.

Si le Defpote n'eft qu'un enfant déraifonnable, les Courtifans qui l'entourent feroient-ils plus fenfés que lui? L'homme le plus grave eft forcé de rire ou de s'indigner à la vûe des pompeufes bagatelles qui communément font l'objet des foins, des intrigues, des menées d'une cour. Des prétenfions puériles, des droits impertinents, des prérogatives ridicules, des petiteffes dans lefquelles on fait confifter la *dignité*, des frivolités dont le bon fens rougit, des querelles de femmes, voilà fouvent les grands mobiles d'une Monarchie! Des efprits vains & rétrécis font incapables de faifir des objets vraiment grands; des gens qui n'exiftent que par l'opinion, ne connoiffent qu'une grandeur & des biens d'opinions. Des enfans font occupés de jouets: des bals, des fêtes, des fpectacles abforbent communément l'attention des premiers de l'Etat, qui fe trouve quelquefois culbuté fans qu'on paroiffe s'en appercevoir à la cour.

Sous un Gouvernement abfolu il n'eft permis

à perſonne de s'occuper de ſon ſort ou de ſonger au bien public : ces objets interdits à des eſclaves, ne conviennent qu'aux citoyens d'un pays libre. La vanité tient lieu de grandeur aux Sujets d'un Maître abſolu. Un caractere étourdi, inconſtant, diſſipé eſt celui qui leur convient le mieux. Tout homme qui ne peut compter ſur rien, doit vivre à la journée ; le lendemain n'eſt point à lui : le haſard & le caprice décidant continuellement de ſon ſort, il ne doit point enviſager un avenir affligeant ; une fantaiſie peut anéantir ſes droits, ſes loix, ſes privileges, ſon état, ſa fortune, & celle de ſa poſtérité ; tout homme qui porte ſes vues ſur l'avenir, ne paroît qu'un rêveur incommode & chagrin dans des Nations dont les Chefs ſont ſans principes, & où rien n'eſt fait pour avoir de la ſtabilité. Les pays ſoumis au pouvoir arbitraire, ne renferment que des hommes entiérement abrutis ou frivoles, également incapables de réflexions. Une indifférence complette pour la Patrie, une incurie ſtupide, une paſſion déſordonnée pour des amuſements futiles, une averſion marquée pour tous les objets ſérieux, ſont les effets naturels & néceſſaires d'un Gouvernement pour qui rien n'eſt ſacré, & qui traite légérement les affaires les plus importantes. Comment ſeroit-il poſſible de faire ſentir les intérêts d'une Patrie, les idées de la vraie grandeur, les droits de l'équité, à des êtres qui ne ſongent qu'à s'étourdir ſur le préſent & ſur l'avenir, ou à des êtres ſtupides & privés de toute énergie qui ne penſent à rien ?

D'AILLEURS, comme nous l'avons remarqué, l'habitude identifie l'eſclavage avec les hommes ;

ils

ils finissent par vivre très contents de leurs fers:
ou bien, semblables à des enfants, ils se venge-
ront tout au plus par une épigramme, une chan-
son, une satyre, des violences d'un ministre ou
des oppressions du Gouvernement.

On se plaint souvent de voir que dans des nations frivoles des histrions, des chanteurs, des
danseuses &c. sont en possession d'absorber l'attention du public, & que des talents futiles y
sont préférés aux grands talents. Mais ne s'ap-
perçoit-on pas que le mérite, la science, les
vrais talents sont inutiles ou déplacés dans des
pays où des êtres sans mérite & sans talents donnent le ton à la Société? Il ne faut que des poëtes galants, des bijoutiers, des inventeurs de modes à des Peuples efféminés par le Despotisme,
& qui demeurent dans une enfance perpétuelle.
Le luxe, les femmes & l'esprit militaire sont des
obstacles faits pour empêcher constamment les
têtes de parvenir à la maturité.

Les airs, les manieres, la fatuité, le faste, les
différents moyens de masquer sa petitesse sous un
air imposant, l'arrogance, le ton suffisant, l'importance, sont les produits des Cours dont les
manieres sont communément copiées par une foule d'hommes vains, qui se croient quelque chose
en imitant quelquefois de la façon la plus ridicule
& la plus gauche, les airs de la grandeur. Un
commerce continuel avec les gens de guerre fait
saisir avec promptitude le ton de l'étourderie, de
la légéreté, de la galanterie. Enfin le commerce fréquent avec un sexe que tout conspire à retenir dans une enfance éternelle, fait que l'on

met une très grande importance à des jouets, des parures, des bagatelles.

L'élégance dans les plaifirs, le goût fri-vole, l'art d'amufer des oififs & de perdre fon tems font portés bien plus loin & plus diver-fifiés fous un Monarque abfolu, que l'art de rendre les hommes heureux. Un Gouvernement arbitraire doit fe propofer de détourner les es-prits de la réflexion, ou de les porter fur des ob-jets futiles; tandis que les Tyrans de Rome fai-foient égorger des Senateurs, ils amufoient par des fpectacles pompeux un Peuple défœuvré qui ne ceffoit d'applaudir les boureaux de la Patrie, & qui, pourvu qu'on l'amufât, s'embarraffoit fort peu de ce qu'elle pouvoit devenir.

On nous vante fans ceffe l'élégance, le bon goût, les chefs-d'œuvres, les merveilles que des Souverains puiffants ont quelquefois fait naître par leurs libéralités & les encouragements qu'ils ont donnés aux fciences, aux arts, aux talents de l'efprit, par où ils font parvenus à faire de leurs regnes des époques mémorables, & à rendre leurs noms refpectables & chers à la poftérité. Mais fi l'on examine de près ces fiecles tant de fois célébrés, on trouvera que les foibles avan-tages qu'ils ont procurés à quelques citoyens, n'étoient nullement propres à dédommager les Nations entieres des calamités affreufes dont ils les ont inondées. Des Tyrans remplis de vanité fe font quelquefois piqués d'étonner les Peuples par leurs dépenfes; mais jamais ils ne fe font piqués de les rendre ni meilleurs ni plus fortunés.

Parmi les époques célebres l'on place communément le siecle d'Alexandre. Mais n'est-ce pas dans ce siecle fameux que la liberté de la Grece fut anéantie, & que ses Républiques, ses Chefs autrefois courageux, ses Orateurs les plus sublimes se virent honteusement asservis à quelques Tyrans, qui bientôt éteignirent par-tout le feu sacré du génie? Quel sort plus déplorable que celui de l'Asie, & sous ce conquérant fougueux, & sous ses farouches successeurs! Leurs annales ne nous montrent que des villes réduites en cendres, des plaines dévastées, des Peuples égorgés, des contrées fertiles changées en solitudes.

Si nous lisons avec transport les ouvrages immortels de Virgile & d'Horace; si nous considérons avec surprise les monuments du siecle d'Auguste; ne rougissons-nous pas en même tems des flatteries prodiguées par des muses vénales à un Tyran, qui ne consentit à modérer ses fureurs, qu'après s'être long-tems abreuvé du sang de ses concitoyens? Ce siecle si mémorable ne fut-il pas l'époque de l'asservissement total des Romains, & de la dégradation complette de leurs ames? Le regne de ce Despote magnifique, qui se vantoit *d'avoir changé en marbre* la capitale du monde, ne jetta-t-il pas les fondements inébranlables de la tyrannie exercée depuis par les Tibere, les Caligula, les Néron, les Domitien & par tant d'autres Monstres qui pendant une longue suite de siecles firent gémir le monde entier sous le poids de leurs crimes.

Nous contemplons avec étonnement les monuments encore récents d'un Monarque moderne dont le regne fit naître tout d'un coup les sciences, les lettres & les arts dans fes Etats. Nous admirons avec raifon les ouvrages immortels des poëtes, des artiftes, de tant de favants en tout genre que fes bienfaits & fes regards firent éclore dans fon Royaume. Mais quelques drames fubli-mes, quelques poëfies trop fouvent avilies par la flatterie, quelques ftatues & peintures admirables ont-ils le droit de nous éblouir au point d'oublier les guerres interminables, les profcritions fan-glantes, les perfécutions inhumaines, les oppref-fions continuelles dont un regne fi pompeux fut tant de fois fouillé? Aurons-nous le courage d'applaudir à des chefs-d'œuvres qui ont coûté le fang & la fueur de tant de millions d'hommes réduits à la mendicité? L'homme de bien ne fe-roit-il pas plus touché d'un fiecle qui auroit ren-du les Peuples plus heureux, que d'un fiecle qui ne s'eft illuftré que par leurs miferes, & par le fafte infultant d'un Defpote que la baffeffe s'eft efforcé d'élever au rang des Dieux.

Tout nous prouve l'influence du pouvoir arbitraire, ainfi que de la vanité & de la frivoli-té des Cours & des Nations fur les lettres, les talents, les productions de l'efprit. Il faut au génie de la liberté pour qu'il fourniffe fa carrie-re: un Gouvernement Tyrannique & vain l'ar-rête dans fa courfe ou l'oblige à fe porter fur des objets méprifables (17). Dans une Nation en-chaînée la langue des mufes ne femble faite que pour chanter les illuftres forfaits des conqué-rants, ou le fafte puérile des maîtres de la ter-

______

(17) Quelqu'un vantoit au célebre chevalier Saville les produc-tions littéraires de fon pays & les chefs-d'œuvres qu'y avoit pro-duits le regne d'un grand Monarque. *Peut-il y avoir*, lui répon-dit Saville, *de bons ouvrages dans un pays où il n'eft permis d'é-crire ni fur le Gouvernement ni fur la Religion?*

re. Le génie du Poëte, deftiné par fa nature à planer au haut du ciel & à donner du courage & de l'élévation aux ames, fe voit forcé de rafer humblement la terre, de flatter la vanité des cours, de chercher à plaire à des femmes, de célébrer leurs triomphes, qui font fouvent ceux du vice & du défordre. Pour des êtres que tout confpire à tenir dans l'enfance, il ne faut que des fictions, des romans, des peintures voluptueufes, des drames remplis d'intrigues amoureufes, des vers galants. Quels fuccès un Tyrtée eût-il pu fe promettre dans les murs de Sybaris!

L'ÉLOQUENCE dont le but eft de remuer fortement les cœurs en leur préfentant de grands objets, ne peut naître que chez un Peuple libre, où il eft permis au citoyen de s'occuper de fa patrie. Elle feroit évidemment déplacée dans les contrées où il n'exifte point de Patrie, & où du moins il eft défendu d'y fonger : l'art oratoire y eft exclufivement réfervé aux Miniftres de la Religion, dans la bouche defquels, bien loin de fervir à éclairer ou ranimer les hommes, elle ne fert qu'à les aveugler, à les rendre féroces ou lâches, à les faire trembler devant de vains phantômes, à les repaître de chimeres, enfin à tonner inutilement contre des vices & des folies, que tout d'ailleurs contribue à faire naître & à multiplier.

L'HISTOIRE eft faite pour tranfmettre fidélement à la poftérité les actions de fes ancêtres, les vices & les vertus des Rois, les droits des Nations, les événements heureux & malheureux qu'elles ont fucceffivement éprouvés. Pour être utile, l'hiftorien doit être véridique, & déve-

lopper les caufes dont les effets ont été avanta-
-geux ou nuifibles : il doit fixer les yeux des
Peuples fur les délires de leurs maîtres, fur les
tableaux fanglants de leurs guerres, de leurs crimes, de leurs attentats contre la félicité publique: mais l'hiftoire ne peut fans danger retracer
ces défordres, fous un Gouvernement toujours
épris des mêmes folies, & qui ne fouffre pas
qu'on le montre fous fes traits véritables. Ainfi
fous des plumes ferviles, tremblantes & guidées
par le préjugé, l'hiftoire n'eft qu'un amas de
menfonges & de faits déguifés dont il ne peut
réfulter aucune utilité.

Le Defpotifme ne fe fert des talents que pour
tromper: lorfqu'il daigne laiffer tomber fur eux
un regard favorable, ce n'eft que dans la vue de
leur faire encenfer fa vanité. Ont-ils l'audace
de prendre un ton plus noble? Il les hait ou les
profcrit avec fureur, dans la crainte qu'ils ne
réveillent des efclaves endormis dans fes fers.
D'un autre côté le ton mâle du génie ne manque-
roit pas d'effrayer des ames amollies par le luxe;
l'éclat de la vérité bleſſeroit des yeux trop foibles
pour le foutenir. Les talents font donc forcés
de fe mettre à l'uniffon de la foibleffe publique;
l'homme de lettres devient adulateur; il s'énerve
pour plaire à des êtres énervés; il préfere le
futile avantage d'un fuccès paffager, à la gloire
durable de paffer à la poftérité: il n'ofe plus être
lui; il facrifie fa vigueur à la foibleffe de ceux
qu'il prend pour juges; bien plus, pour faire fa
cour, il devient fouvent l'apologifte du Defpotifme & de l'Efclavage; il portera la baffeffe
jufqu'à décrier la liberté & rendre fes avantages
fufpects à fes concitoyens.

Les talents s'aviliſſent, dès qu'ils ceſſent de ſe propoſer la gloire pour objet : l'homme de lettres n'a qu'à perdre, dès qu'il ſonge à ſa fortune: ſous un Gouvernement frivole & ſans lumieres, il devient intrigant, courtiſan, adulateur; ſon eſprit ſe dégrade; à l'enthouſiaſme qui devroit l'échauffer, ſuccede le déſir d'obtenir des richeſſes & de ſe faire des protecteurs. La noble eſtime de ſoi que donne le mérite, eſt remplacée par des prétentions; il voit à tout moment que pour plaire il faut ramper, & que les récompenſes littéraires ſont communément la proie des complaiſants, des flatteurs, des eſprits médiocres qui, bien plus que le génie, ont le ſecret de plaire, & aux diſpenſateurs des graces, & à des êtres frivoles devenus les arbitres du mérite & les diſtributeurs des réputations.

Ce n'eſt que dans le ſilence de la retraite, c'eſt à la lueur de la lampe que le génie s'éclaire; c'eſt par de longs travaux que la ſcience s'acquiert; c'eſt dans la converſation de ſes pairs & non dans des cercles frivoles, que l'homme de lettres s'échauffe & ſe met en état d'embraſer les ames des autres: ſon feu s'évapore & s'amortit dans le tourbillon du monde. La réputation eſt la maîtreſſe des gens de lettres, mais il en eſt beaucoup qui raviſſent ſes faveurs par ſurpriſe, ſans avoir rien fait pour les mériter. Delà ces baſſes jalouſies, ces cabales, ces menées & ces querelles ſcandaleuſes, qui remplacent une noble émulation & ne ſervent trop ſouvent qu'à rendre ridicules & mépriſables aux yeux des gens du monde & des grands, les talents, les connoiſſances, & les leçons de ceux dont le but devroit

D 4

être d'éclairer leurs concitoyens, de les inftruire par leurs exemples, & de mériter leurs fuffrages, ainfi que ceux de la poftérité, par des ouvrages utiles & par une conduite honnête.

Il faut en effet avouer que les hommes les plus diftingués par leurs talents ne font pas toujours ceux qui fe diftinguent le plus par leur raifon & leur fageffe. Voilà le reproche, fouvent fondé, que l'ignorance maligne fait aux gens de lettres: c'eft ainfi que la médiocrité fe confole & fe venge des talents. Nous répondrons pourtant aux détracteurs des lettres ce qu'Antonin difoit de Marc-Aurele. *Souffrez qu'il foit homme, la Philofophie & l'Empire n'ôtent point les paffions.* La contagion d'une fociété vaine & corrompue fe fait quelquefois fentir à l'homme qui cultive les lettres ; fon imagination toujours active & fenfible eft fujette à s'allumer , & doit fouvent contribuer à rendre fes paffions plus fortes ; les éléments qui conftituent le génie que nous admirons, font auffi que l'homme de génie a des écarts plus marqués que l'homme ordinaire. En un mot, il n'eft point extraordinaire qu'un caractere vigoureux montre du nerf jufques dans fes défauts. Mais ces défauts, fi fouvent relevés avec affectation par les ennemis du favoir n'ôtent point à ceux qui les ont, leurs droits fur la jufte reconnoiffance qui leur eft due pour les grands pas que fouvent ils épargnent à la pareffe de l'efprit humain. Quelque foit la conduite de l'homme de génie, admirons fes talents, profitons de fes leçons, lorfque nous les trouverons utiles & fages, & plaignons le fort de l'humanité dont la perfection ne peut être le partage. D'ailleurs l'homme qui abuse de ses talents, n'est-il pas dans le même cas que l'homme opulent qui très souvent fait un abus honteux de ses richesses ; que le grand qui tant de fois s'avilit pour obtenir un crédit dont il abuse ; que le Prêtre dont la conduite dément à chaque instant les préceptes austeres qu'il enseigne à ses auditeurs ? Les vices & les défauts des gens du monde sont bientôt ensevelis dans l'oubli, tandis que ceux des gens de lettres sont communément publiés & transmis à la postérité.

La Philosophie qui n'est que l'amour de la sagesse, de la raison, de la vérité, est sur-tout la science la plus exposée aux mépris d'une nation légere & dissipée, & à la mauvaise humeur d'un Gouvernement inique dont le pouvoir n'est fondé que sur les ténebres de l'opinion. Comment des tyrans pourroient-ils approuver ou favoriser une curiosité téméraire qui remonte aux principes, qui juge tout d'après sa valeur réelle ou son utilité, qui ose mettre l'autorité même dans la balance de l'examen ? Les hommes sont tellement accoutumés au mensonge que la vérité leur paroît communément la plus dangereuse des nouveautés. L'ami du vrai semble être pour l'ordinaire l'ennemi de tout le monde ; très peu de gens consentent à être appréciés, le plus grand nombre des hommes ne se repaît que d'opinions, de vanités, de fumée.

La Politique, comme on a pu le voir, entre les mains des tyrans est devenue une science ténébreuse, sur laquelle ils ne permettent pas aux citoyens de porter leurs yeux profanes. Semblables à de vils troupeaux, les hommes sont faits pour ſe laiſſer conduire, ſans jamais avoir le droit de juger leurs conducteurs: le Gouvernement eſt pour eux un ſanctuaire qu'ils doivent révérer de loin, ſans pouvoir impunément tenter d'y pénétrer.

ENFIN la morale eſt un objet trop grave pour des êtres frivoles: elle ſeroit inutile à des eſclaves que des chefs corrompus ont intérêt de pervertir & d'enivrer de folies. D'ailleurs cette ſcience, toujours incompatible avec l'injuſtice & le déſordre, heurteroit de front les prétentions du pouvoir arbitraire; il ne peut voir de bon œil une morale dont les loix ſont également faites pour régler les actions des Souverains & des Sujets.

D'où l'on voit que l'eſprit humain reçoit des entraves continuelles ſous un Gouvernement ombrageux, qui ne veut pas que ſes ſujets s'éclairent. Les objets les plus dignes d'exercer les talents, les plus importants au bien-être d'un Etat, ſont préciſément ceux dont l'examen eſt le plus rigoureuſement interdit. Les eſprits ſont obligés, ou de végéter dans l'abrutiſſement, ou leur activité ne ſe porte que ſur des bagatelles qui les Empêchent d'appercevoir les projets funeſtes dont la ruine générale eſt l'effet néceſſaire. Il n'eſt rien que la tyrannie & le caprice ne puiſſent tenter impunémeut contre un Public ignorant, frivole, qui ne ſonge pas au lendemain.

SI quelquefois l'on a vu naître le goût des arts ſous des Deſpotes magnifiques, il eſt bientôt forcé de diſparoître ſous leurs ſucceſſeurs auxquels ils ne tranſmettent point leurs idées. Le goût du beau en tout genre demande à être semé, cultivé, exercé; mais l'ignorance & la paresse sont le partage des Princes dont l'esprit, ainsi que le cœur, reste communément sans culture; ainsi sans idées du grand & du beau, on les voit souvent élever à grands frais des monuments sans goût, dont la vue ne dédommage gueres les Peuples des trésors qu'il leur en a coûté pour les faire. Les meilleurs artistes, obligés de se conformer aux fantaisies bizarres de la grandeur ou de l'opulence stupide, n'emploient tous leurs talents qu'à produire de riches minuties méprisables aux yeux des connoisseurs. (18)

MAIS par une fatalité bien plus triste encore, le goût du bon & du beau Moral, pour naître, rencontre des obstacles sans nombre dans une nation frivole & subjuguée. Le luxe, la dissipation, la vanité, la légéreté, le besoin continuel d'être amusé, influent d'une façon très fâcheuse & très marquée sur la conduite & les mœurs des citoyens. Rien de plus difficile, que de faire sentir des intérêts importants, de faire entendre la voix de la raison, de faire connoître l'utilité d'une vie réglée & vertueuse, à des êtres que tout éloigne de la réflexion, qui la jugent inutile, qui ne songent qu'au plaisir. La raison chez les hommes ne peut être que le fruit tardif de l'expérience méditée; ses leçons paroissent lugubres, fati-

---

(18) Mylord Schaftesbury, a remarqué que *depuis que la liberté fut éteinte dans les cœurs des Romains, nous n'avons plus d'eux une seule belle statue, une seule belle médaille, ni un beau morceau d'architecture.* VOYEZ AVIS A UN AUTEUR. Cependant c'est dans l'Italie asservie, que l'on a vu renaître au commencement du XVI. siecle la peinture & la sculpture. Quand les Despotes sont magnifiques & ont du goût, ils font éclore des artistes célebres; les grands & les riches ont des statues, des tableaux, des poëtes, des spectacles, tandis que le reste des citoyens n'a pas de pain.

gantes, ridicules, impraticables, à des enfans
volages, trop enivrés de bagatelles, pour daigner
l'écouter.

LA méchanceté systématique & décidée est très
rare en ce monde. Les hommes pour la plupart
sont plus foibles que méchants. Ils se nuisent à
eux-mêmes & aux autres sans le sçavoir & sans y
songer, sans pressentir les conséquences de leurs
actions. L'ignorance, l'inadvertence, l'incurie,
l'étourderie, la frivolité sont des dispositions des-
quelles résultent les trois quarts des maux de ce
monde. Rien de moins commun qu'une conduite raisonnée ou accompagnée de réflexion. C'est
faute de réflexion, que les hommes exercent quelquefois les plus grandes cruautés envers les êtres
qui les entourent. C'est faute de réflexion qu'un
Gouvernement devient tyrannique. C'est faute
de réflexion que les Peuples deviennent esclaves.
C'est faute de réflexion que des Concitoyens, des
Epoux, des Peres, des Enfants, des Maîtres &
des Serviteurs sont si souvent occupés à s'affliger,
à se tourmenter réciproquement, à se rendre la
vie désagréable.

MÉDITER est le premier pas vers la sagesse,
mais c'est communément le dernier que les passions & la paresse des hommes leur permettent
de faire. L'état d'un Peuple qui commence à
s'instruire, à desirer la lumière, à s'occuper d'objets utiles & grands, n'est nullement désespéré;
tandis que la tyrannie fait des efforts continuels
pour détourner les esprits de la réflexion, ses
coups redoublés y ramenent à tout moment, &
cette réflexion, aidée des circonstances, doit parvenir tôt ou tard à bannir la tyrannie; elle ne

peut durer long-tems chez un Peuple qui raifon-
ne: un Gouvernement privé de juftice & de fageffe eft à la fin obligé de rougir, quand il voit
que fes démarches font appréciées, jugées, mé-
prifées, déteftées par un Public éclairé fur fes
vrais intérêts. Le cri général en impofe aux Tyrans mêmes; il les force fouvent d'écouter le bon
fens, de mettre des bornes à leurs extravagances,
& de fuivre une conduite plus modérée. Un Peuple eft-il totalement abruti? L'oppreffion le met
en fureur, fon ignorance l'empêche de raifonner,
& dès qu'il perd la patience, il détruit fans raifonner ceux qu'il regarde même comme les in-
ftruments de fon malheur. Des efclaves fans lumieres exterminent fans prévoyance & fans réflexion, les tyrans aveugles qui les oppriment.

RIEN n'eft donc plus important que d'inviter
les hommes à la réflexion, ou de les entretenir
des objets faits pour les intéreffer. La raifon eft
également utile aux Souverains & aux Sujets: elle apprend aux uns à gouverner avec juftice, &
aux autres à n'obéir qu'aux loix de l'équité. Ce
n'eft qu'en éclairant le Public que l'on peut fe
promettre de le faire revenir de fes égarements,
fi contraires au bonheur & des individus, & des
Nations, & de ceux qui les gouvernent. En
tournant les efprits à la réflexion, ils appren-
dront à fupporter avec patience les maux & les
abus qu'ils ne pourroient fans péril réformer tout
d'un coup, & ils appliqueront les remedes les
plus convenables & les plus doux à ceux qu'ils
voudront faire difparoître. La raifon eft le vrai
beaume de la vie; elle feule peut adoucir & régler les paffions, calmer les tranfports, faire difparoître les vices & les folies dont les nations
font travaillées.

CHAPITRE VI.

Du Luxe.

Pour peu que l'on réfléchisse, on reconnoîtra sans peine que c'est au Gouvernement que sont dus les folies, les vices & les fléaux qui tourmentent les sociétés & chacun des citoyens qui les composent. C'est évidemment de cette source que part le *Luxe*, cette maladie cruelle dont les Nations opulentes sont principalement affligées.

Le faste & le luxe sont des productions indigenes des Monarchies. Il a toujours fallu aux Princes une étiquette hautaine, un appareil imposant, une splendeur apparente, faite, comme on a vu, pour éblouir le vulgaire, & lui donner une haute idée de ceux qui le gouvernent. Le Despotisme sur-tout, incapable de se distinguer par une grandeur réelle, voulut toujours suppléer par la pompe extérieure & la magnificence, à ce qui lui manquoit d'ailleurs, pour s'attirer la vénération des Peuples. Il fallut aux Divinités terrestres des temples magnifiques, des ustenciles précieux, des ornements recherchés; afin de séduire les regards des mortels prosternés à leurs pieds. Les Grands, que leurs emplois approcherent de la personne du Roi, voulurent les imiter & se rendre, comme eux, recommandables par leur magnificence. Les Peuples admirerent l'éclat des cours brillantes, & ne firent pas réflexion que tout ce vain appareil étoit le produit de leurs travaux, & que la splendeur du trône & le faste des cours, étoient souvent la cause de

leur mifere & la marque de leur propre fervitude. Chaque citoyen s'efforça d'imiter, foit de
près, foit de loin, ceux que fes préjugés lui firent regarder comme les vrais poffeffeurs & les
diftributeurs de la félicité.

C'est à la Cour que le luxe fe trouve dans fon
véritable élément. C'eft fur-tout à la vanité des
Princes & des Grands, que les Peuples font rede-
vables d'une maladie qui devient épidémique, qui
gagne peu-à-peu tous les états, qui parvient à
détruire les mœurs & à relâcher ou brifer tous lés
liens de la Société. Le luxe eft une émulation de
dépenfes & de richeffes. L'exemple des Princes,
des Riches & des Grands, excite le plus grand
nombre des citoyens; ceux-ci toujours fideles à
imiter les hommes dont ils ont une haute idée,
ou qu'ils fuppofent heureux, cherchent à fe distinguer & à fe faire confidérer comme eux & par
les mêmes moyens. Cette émulation puérile devient habituelle, & la paffion de paroître fe change en un befoin preffant auquel, on finit par tout
facrifier. Conféquemment tous les efprits s'éni-
vrent du défir de s'enrichir à tout prix; chacun
veut fe montrer avec éclat, égaler &, s'il fe
peut, furpaffer fes concitoyens, les éblouir par
fa dépenfe; l'on fe ruine bientôt par les vains efforts que l'on fait pour jouter de dépenfe avec
ceux que l'on veut imiter: on facrifie follement
fon bien être réel, au bonheur idéal de paroître
autant ou plus heureux que les autres.

Le luxe d'une Nation eft un effet naturel de
la progreffion des défirs & des befoins de l'homme; il fonge d'abord à contenter fes befoins naturels; dès que ceux-ci font remplis, fon imagination féconde fe met en travail pour en forger
de nouveaux, ou pour diverfifier les moyens de

les satisfaire. Le sauvage & l'homme des champs ne songent qu'aux moyens de subsister, ils ne font pas difficiles sur les aliments propres à appaiser leur faim; ils n'ont pas sous les yeux des exemples capables d'exciter leur jalousie. Le Manœuvre, le Pauvre, le Laboureur sont contents quand ils ont du pain; l'homme opulent qui veut se distinguer par ses richesses, ou réveiller son appétit usé, a besoin de ragoûts piquants, & met le globe entier à contribution, pour couvrir sa table, ou pour surpasser ceux qui se distinguent par des festins somptueux.

Tous les hommes ont le désir d'imiter, d'égaler & de surpasser ceux à qui ils supposent de la grandeur, du pouvoir, du bien-être. Le pauvre s'imagine toujours que celui qu'il voit superbement vêtu, traîné dans un char élégant, entouré d'un grand nombre de valets, doit être un homme très heureux; il se méprise lui-même & s'estime très malheureux d'être obligé de travailler pour vivre; il ne doute pas que ceux qui, sans rien faire, sont à portée de se procurer amplement tous les besoins de la vie, ne soient des êtres à la félicité desquels rien ne doit manquer. Dès lors il est mécontent de son sort, il désire d'être riche, persuadé qu'il suffit de l'être, pour jouir d'un bonheur complet. Ses désirs, bornés d'abord, sont perpétuellement attisés par l'imagination, par l'émulation, par la comparaison qu'il fait de son état avec celui des autres; ils finissent par ne plus connoître de bornes; & peu-à-peu vous voyez que l'homme, qui au commencement n'aspiroit qu'à une fortune modique, n'est pas encore satisfait au sein des richesses les plus énormes, parce qu'il voit toujours quelqu'un qu'il

croit

croit plus opulent & plus heureux que lui. Ainſi dans une nation où le luxe s'eſt introduit, l'inégalité de la répartition des richeſſes, devient un objet fâcheux de comparaiſon, pour ceux qui en poſſedent moins; & chacun ſe croit malheureux, en raiſon de l'excédent de bonheur qu'il croit voir aux autres.

L ᴇ faſte, la vanité, la parure, la repréſentation deviennent néceſſaires dans des nations puériles & corrompues. Les Princes & les Grands en donnent l'exemple & n'ont communément qu'un vain éclat pour s'illuſtrer aux yeux du public; le citoyen qui a beſoin de fortune & de protection eſt obligé de ſe conformer aux idées de ſes ſupérieurs; il cherche à ſe relever par ſon habit; il en a beſoin pour trouver accès auprès des êtres frivoles & dédaigneux, deſquels dépend ſon bien-être. Quiconque par ſon extérieur annonce de l'indigence, eſt rebuté dans un pays, où des hommes vains ſont les arbitres du ſort des autres.

Dᴀɴs les contrées où le luxe & la vanité ont fixé leur empire, la pauvreté eſt le plus grand des vices, & celui que l'on cache avec le plus de ſoin; conſéquemment la crainte du mépris fait que chacun veut paroître ce qu'il n'eſt point, ſortir de ſon état, faire illuſion aux autres, du moins pour un inſtant, écarter le mépris qui l'environne. Telle eſt la ſource de cette manie ridicule & ruineuſe qui ſe répand juſque dans les claſſés les plus infimes de la Société. Nul homme n'y veut être ce qu'il eſt, il veut avoir l'air d'appartenir à une claſſe plus relevée. C'eſt ainſi que le Plébéien veut paroître un homme de la Cour.

C'eſt ainſi que le valet ſe releve en copiant les travers de ſon maître. C'eſt ainſi que pour en impoſer à d'autres, chacun ſe ruine ; pour paroître heureux, chacun ſe rend réellement malheureux.

L E Républicain ou l'habitant d'un pays libre eſt moins expoſé à la contagion du luxe, que le ſujet d'un Monarque ou d'un Souverain abſolu. Il regne plus d'égalité dans les Républiques, que dans les Monarchies ; l'homme libre, protégé par la loi, a moins beſoin de protecteurs ; plus heureux réellement, il a moins de raiſons pour affecter les dehors du bonheur. D'un autre côté, il ſçait que l'inégalité des richeſſes ne peut donner à perſonne le droit de l'opprimer ; ainſi le pauvre eſt plus content de ſon ſort dans une République ou dans un Etat libre, que dans un pays où tout homme riche & puiſſant peut l'outrager impunément.

L'o i s i v e t é contribue à faire naître le luxe. Tout homme qui travaille, ſonge à ſes affaires, & n'a pas le tems de penſer à ceux qui l'entourent. L'imagination travaille d'autant plus, que l'on manque d'occupations utiles. Voilà comment l'oiſiveté devient *la mere du vice*. Il ne faut donc pas être ſurpris de trouver des vices auſſi diverſifiés, des plaiſirs auſſi recherchés, des mœurs auſſi corrompues que l'on en voit, ſur-tout parmi les riches & les grands, c'eſt-à-dire parmi ceux qui donnent le ton à la Société. L'homme opulent eſt par-tout un être déſœuvré ; la richeſſe le prive communément de toute activité ; il tombe dans l'ennui, s'il n'a point appris à s'occuper de maniere à remplir agréablement ſon tems. Mais l'oiſif eſt toujours un être inquiet,

malheureux, mécontent de lui-même; il fait continuellement des efforts pour trouver des moyens
de donner du mouvement à son ame engourdie;
le vice, la volupté, le désordre lui deviennent
nécessaires pour sentir son existence. D'où l'on
voit que l'oisiveté devient fatale aux mœurs. Le
pauvre ne désire les richesses que pour avoir l'a-
vantage de vivre dans l'oisiveté; & cette oisiveté est pour l'homme un poids qu'il ne peut supporter.

L'ennui est le vrai fléau des Nations opulentes & le tyran des citoyens les plus riches. L'esprit de l'homme poursuivi par l'ennui, est dans
une torture continuelle. Pour se tirer d'un état
si pénible, il n'est rien qu'il ne tente. C'est par
ennui qu'on se ruine; c'est par ennui qu'on cherche dans la débauche des moyens déshonnêtes de
varier ses plaisirs. C'est par ennui qu'on joue,
& qu'on s'expose à perdre sa fortune (19). C'est
par ennui que l'on se mêle de cabales & d'intrigues. Que d'ennuis & de tourments les hommes
ne s'épargneroient-ils pas, s'ils savoient s'occuper! L'ennui & le vice peuvent-ils entrer dans
une ame qui connoît le plaisir d'exercer la bienfaisance.

Par une loi d'*Amasis*, Roi d'Egypte, que
Solon fit adopter aux Athéniens, les oisifs étoient

---

(19) Rien ne prouve mieux que le jeu, l'ennui des hommes &
l'embarras où ils sont sur la maniere d'employer leur tems. Aux
yeux de tout homme raisonnable, indépendament des dangers qui
accompagnent souvent le jeu, est-il rien de plus puérile & de plus
insipide que cette façon de perdre son tems, si à la mode dans la
bonne compagnie, & continuellement autorisée par l'exemple des
Princes même & des Grands? Quel vuide doit-il y avoir dans les
têtes de tant de gens qui, dès qu'ils se rassemblent, n'ont d'autres
ressources pour s'amuser que des Cartes ou des Dés!

punis de mort & pouvoient être dénoncés par-tout citoyen. Suivant la loi d'Egypte, chaque homme étoit obligé de comparoître tous les ans devant un Magistrat à qui il déclaroit son état & ses fonctions. Mahomet, comme ces anciens lé-gislateurs, a senti la nécessité du travail des mains ; il en fait un précepte duquel les Rois eux-mêmes n'osent pas se dispenser. Tout Sultan, du moins pour la forme, apprend quelque mé-tier. Celui de Souverain lui donneroit, sans doute, une occupation suffisante ; mais c'est com-munément celle que les Princes trouvent la plus indigne d'eux. Au lieu de remplir les fonctions augustes & multipliées de leur état, ils cherchent pour l'ordinaire dans des exercices violents, dans des plaisirs couteux, dans des vices honteux, des remedes inutiles contre l'ennui qui les dé-vore.

Il n'est point de projet plus mal conçu & plus impraticable, que celui de toujours s'amuser. Le repos n'a des douceurs, que pour celui qui tra-vaille ; il est un vrai fardeau pour l'homme dé-sœuvré. Le plaisir est un salaire que la nature ne destine qu'à ceux qui l'ont mérité ; il devient dégoût, douleur, ennui, pour celui qui ne sçait pas s'occuper. C'est à l'homme laborieux, à l'artisan, à l'homme du Peuple, qu'il appartient de goûter les charmes du repos & de la gaieté sincere. Vouloir s'amuser toujours, est aussi peu raisonnable ou possible, que de manger toujours. L'exercice fait naître la faim ; la faim fait trou-ver du goût dans les aliments : tous les méts de-viennent insipides à qui vit toujours dans la bon-ne chere. La nature n'a donc pas refusé tout bonheur, à ceux de ſes enfants qu'elle ſembloit avoir totalement oubliés.

C'EST à l'ennui cauſé par l'oiſiveté des Princes, que ſont dues tant de dépenſes inutiles, tant d'amuſements ruineux, tant d'édifices ſomptueux, par leſquels, au lieu d'éterniſer leur mémoire, ils ne prouvent aux yeux des perſonnes ſenſées, que leur vanité inquiete & les ennuis dont ils ont été rongés. Ces monuments du faſte, du luxe, du goût des Rois, ſont faits pour conſterner tout homme ſenſible qui comprend qu'ils ont été communément élevés ſur les ruines de la félicité des Nations : il verra ces Palais merveilleux cimentés par le ſang des Peuples (20). Il gémira de l'aveuglement de ces malheureux, qui tirent gloire de ce qui marque l'aviliſſement & la ſervitude de leurs peres : il rougira de la baſſeſſe de ces poëtes & de ces écrivains ſerviles, qui vantent la magnificence, le bon goût, les merveilles du regne de ces Monarques orgueilleux qui, dans l'idée de tranſmettre à la poſtérité leur grandeur & leur puiſſance, ne lui annoncent réellement que leur propre petiteſſe & la miſere de leurs ſujets.

¡C'EST par des loix équitables & ſages, par des établiſſements vraiment utiles, par la réforme des abus & des mœurs, que les Princes peuvent rendre leurs noms immortels. Les Palais & les jardins de Sémiramis ſont anéantis : les Py-

---

(20) Un Empereur Mogol fit, dit-on, mêler le ſang de ſes captifs dans le mortier deſtiné à la conſtruction de ſon Palais. Louis XIV. ſacrifia trente mille hommes pendant une guerre déjà très ruineuſe, pour conſtruire l'aqueduc de Maintenon, deſtiné à conduire des eaux dans les jardins de Verſailles. *Voyez le chapitre V. de cette IIIe. partie.*

ramides & les Tombeaux des Tyrans Egyptiens
ne font plus regardés que comme des monuments
barbares d'un orgueil extravagant ; mais les loix
fages d'Athenes & de Rome, mais les vertus des
Trajans, des Titus, des Marc - Aureles fubfifte-
ront dans la mémoire des hommes auffi long-tems
que le monde.

Un Monarque vraiment grand, pour s'illus-
trer & fe faire confidérer, n'a pas befoin de ruiner & fon peuple & lui - même ; il n'a pas befoin
d'en impofer par fon luxe & fon fafte, qui furent toujours les fignes d'une ame rétrécie ; il
veut jouir des bénédictions & des hommages finceres de fes Peuples heureux ; c'eft dans leurs
cœurs qu'il aime à lire le contentement véritable ;
c'eft dans leurs cœurs qu'il éleve des monuments
à fa gloire. Il méprifera ce vain attirail qui n'eft
fait que pour mafquer la petiteffe d'un Sultan d'A-
fie. Ami de la fimplicité, économe des riches-
fes dont il n'eft que le dépofitaire, il banniroit
de fa cour & le luxe, & l'oifiveté, & les mauvai-
fes mœurs avec autant de facilité, que d'autres
en banniffent la modération & la vertu.

Quelques auteurs très eftimables ont fait l'a-
pologie du luxe ; ils ont été jufqu'à croire qu'il
étoit très utile dans un puiffant Etat. Accoutumés eux-mêmes aux agréments de la moleffe, fé-
duits par les plaifirs & les commodités que le luxe procure, épris des merveilles que préfentent
les arts, & des chef-d'œuvres enfantés par l'industrie, quelques politiques ont penfé que ce feroit
un mal de profcrire le luxe, qu'ils voyoient propre à attirer les richeffes des autres Peuples.

Mais s'ils l'euſſent regardé ſous ſon vrai point de vue, il y a tout lieu de croire qu'ils euſſent été forcés de reconnoître que les biens paſſagers, apparents, & frivoles qu'il procure, ne peuvent aucunement balancer les maux qui l'accompagnent. Il eſt bien plus important que tout un peuple ait du pain, qu'il n'eſt eſſentiel qu'un Monarque ait des Palais, des tableaux, des ſtatues. L'édifice le plus ſuperbe, les meubles les plus recherchés, les chef-d'œuvres de la ſculpture & de la peinture perdent toutes leurs beautés aux yeux de l'homme ſenſible, qui réfléchit que ces objets, deſtinés à récréer la vue ou à nourrir la vanité de l'opulence & de la grandeur, ſe font aux dépens du néceſſaire d'un Peuple affamé à qui, pour les payer, l'oppreſſion arrache ſa ſubſiſtance. Ce n'eſt point l'amuſement, le goût, les fantaiſies d'un petit nombre d'hommes riches & déſœuvrés, que la Politique doit conſulter ; c'eſt l'utilité de la multitude ; c'eſt le bien général ; c'eſt ce qui eſt juſte & conforme aux bonnes mœurs, ſans leſquelles nul Etat ne peut longtems proſpérer.

CHAPITRE VII.

De la Richeſſe d'un Etat. Du Commerce.
Du Crédit Public.

L'HISTOIRE nous prouve de la façon la plus claire que le luxe anéantit les mœurs & conduit toujours à la ruine les Nations les plus floriſſantes. On le voit communément arriver à la ſuite des conquêtes ou du commerce, qui amenent une grande maſſe de richeſſes dans le pays des commerçants & des conquérants. Il amene lui-même une corruption de mœurs, des déſordres des calamités auxquelles juſqu'ici nul peuple n'a pu réſiſter. Avec beaucoup d'argent quelques citoyens deviennent riches, & les autres n'en ſont que plus miſérables.

Les Nations les plus opulentes ſont-elles donc en effet les plus fortunées? Les richeſſes acquiſes aux dépens de l'Etat s'accumulent peu-à-peu dans un petit nombre de mains; pour favoriſer quelques citoyens adroits, tous les autres ſont réduits à l'indigence, & ſubſiſtent avec plus de peine qu'auparavant. Le bien d'une nation exige, non pas qu'un petit nombre de membres de la Société s'enrichiſſe & jouiſſe du ſuperflu, mais que le plus grand nombre jouiſſe de l'aiſance, ou du moins du néceſſaire. La plupart des écrivains politiques ont continuellement en vue l'opulence & le bien-être de quelques individus. L'homme

équitable, ainsi que le Gouvernement, doit toujours se proposer l'avantage du plus grand nombre possible, & ne peut pas le sacrifier à celui
d'une classe quelconque. C'est sur - tout les intérêts du pauvre que le sage doit stipuler.

Les Chinois ont un proverbe très sensé qui dit,
*qu'un boisseau de perles ne vaut pas un boisseau de
riz.* Ainsi que les Peuples, à qui la nature a
procuré un sol capable de satisfaire à leurs vrais
besoins, laissent un commerce illimité à ces gouvernements qui n'ont point de sol, ou à ces Nations avides, assez folles pour croire que l'argent
les rendra plus puissantes & plus heureuses: qu'-
elles attirent dans leurs mains tout l'or de l'univers, elles n'en seront que plus misérables, &
bientôt leur rivalité ne sera plus dangereuse.
L'argent, crie-t-on sans cesse, *est le nerf de la
guerre.* Eh bien! que l'on cultive plus la terre
& qu'on fasse moins la guerre. Est - il donc une
Politique plus extravagante que de prodiguer des
hommes innombrables & des trésors tout acquis,
dans la vue d'augmenter des richesses inutiles,
ou qui ne contribuent en rien à la félicité générale? Des citoyens actifs ne sont-ils pas le plus
grand des trésors? L'intérêt d'une nation est de
se procurer abondamment les denrées nécessaires
à sa subsistance, d'être sagement gouvernée, d'ê-
tre défendue par des citoyens fideles. Faire in-
cessamment la guerre pour acquérir des richesses,
c'est ruiner tous les citoyens, afin de procurer à
quelques particuliers les moyens de s'enrichir;
d'ailleurs les richesses amènent constamment à
leur suite le luxe, la vénalité, l'esclavage, la
lâcheté & toute la cohorte des vices qui désolent
les Etats.   E 5

Toutes les guerres que se font depuis près d'un siecle les Puissances de l'Europe, n'ont pour objet que le commerce qui leur paroît le moyen le plus sûr d'acquérir de l'argent, & dans la possession duquel tous les Gouvernements ont la folie de voir la puissance & le bonheur. D'après cette idée trompeuse, la tranquillité, l'aisance, les intérêts les plus chers d'un Etat sont imprudemment sacrifiés à la passion d'enrichir un petit nombre d'individus. On ne s'apperçoit pas que l'abondance de l'argent produite par le commerce, finit par faire tort au commerce lui-même. Plus l'argent est commun dans un Etat, & plus le prix des denrées & de la main d'œuvre y augmente: alors les nations pauvres ne sont-elles pas à portée de supplanter les Nations plus riches dans leur commerce? L'étranger s'adressera toujours au peuple qui lui fournit les marchandises à meilleur compte. En supposant qu'une seule nation fût riche en argent, elle finiroit nécessairement par ne rien vendre à personne. Un Marchand qui auroit ruiné tous ses voisins, auroit-il donc encore des pratiques? Une nation trop riche périt de son embonpoint; & deviendra la proie des nations plus pauvres, qui n'auront point d'argent, mais du fer pour la conquérir.

Une Nation commerçante semble communément oublier qu'elle renferme des possesseurs de terres qui seuls, comme on a vu, sont les vrais citoyens : c'est pourtant ceux-ci qu'elle immole à des négociants avides & qui n'ont d'autre Patrie que leurs coffres. Cependant ce sont les premiers qui constituent la Nation; qui supportent les impôts; qui font sortir de la terre

les chofes les plus néceffaires à la fubfiftance de
fa Société. Le commerçant ne fait d'ordinaire
qu'apporter aux Nations des befoins imaginaires,
des caprices, des fantaifies nouvelles. Le commerce feroit très borné, s'il n'étoit fait que pour
contenter des befoins véritables. Il eft vrai
que dans un pays accoutumé au luxe, les chofes
les plus frivoles deviennent des befoins indifpen-
fables ; mais une adminiftration fenfée eft-elle
faite pour fe prêter aux défirs extravagants &
aux fantaifies bizarres d'un tas de défœuvrés,
qui ne connoiffent rien de plus intéreffant pour
un Etat, que ce qu'ils jugent néceffaire à leur
propre vanité.

Un Gouvernement fage ne doit avoir égard
qu'au bonheur & à l'aifance des vrais citoyens,
de ceux qui poffedent & cultivent des terres.
La terre eft la vraie bafe d'un Etat; c'eft à la
terre qu'il faut fonger; c'eft le travail des champs
qu'il faut encourager; c'eft le plus utile à l'homme, le plus néceffaire à fes befoins naturels, le
plus avantageux pour la confervation de fes
mœurs. Une adminiftration fenfée ne devroit
point penfer au commerce, tant qu'il fe trouve
un arpent inculte dans fes Etats.

Quels avantages réfulte t-il pour le citoyen cultivateur, de tant de guerres entreprifes
fous prétexte du commerce? Rien que de nouveaux impôts; ou à leur défaut des emprunts,
c'eft-à-dire des impôts indirects que le poffeffeur des terres eft forcé d'acquitter. Il en réfulte une dépopulation fenfible qui enleve aux
terres des bras qui les auroient cultivées. La

guerre de commerce la plus heureufe procurera-t-elle plus d'aifance à ce poffeffeur des terres ou à ce cultivateur? Non, elle augmentera fa détreffe au lieu de tourner à fon profit. La maffe d'argent que le commerce amene dans un pays fe partage entre un petit nombre d'individus, & ne fait aucun bien à tous les autres: le commerçant le plus riche ne confomme pas plus de denrées du fol, qu'il ne faifoit avant de s'être enrichi. L'on nous dira peut-être que dans une Nation, l'argent fe met peu-à-peu de niveau, ou finit par fe répandre fur tous les membres de la Société. Mais nous répondrons qu'en ce cas l'augmentation de richeffe ou d'argent eft parfaitement inutile, puifqu'elle enrichit proportionnellement tous les citoyens; en fuppofant cette augmentation du double, elle ne leur procure que l'avantage de payer le double les denrées qu'ils payoient le fimple auparavant.

Ces réflexions fi fimples fuffifent pour faire juger de la politique de quelques Nations qui, dans l'idée d'ouvrir à leurs négociants quelque nouvelle branche de commerce, ou d'en fruftrer un autre Peuple, s'engagent dans des guerres ruineufes. Pour appaifer les clameurs de quelques marchands avides, que l'on juge très utiles à l'Etat, parce qu'ils y font entrer beaucoup d'argent, on leur facrifie le bien-être de leurs concitoyens, des cultivateurs, des poffeffeurs de terres. Les revenus ordinaires de l'Etat ne pouvant fuffire au furcroit de dépenfe occafionnée par la guerre, le Gouvernement eft forcé de recourir au crédit. Les riches & les négociants prêtent au Gouvernement des fonds dont lle vrai citoyen eſt obligé de payer les intérêts, ſans nul profit pour lui. De cette maniere une guerre de commerce, qui aura coûté la vie à des milliers d'hommes & des tréſors immenſes à la Nation, ne fait que lui impoſer à elle-même un fardeau de plus; le tout pour enrichir ſans travail quelques négociants, quelques financiers, quelques agioteurs, quelques corſaires, qui ne tiennent point à l'Etat, & qui peuvent le quitter, après s'être engraiſſé de la ſubſtance du citoyen laborieux.

Le crédit national, inconnu des anciens Gouvernements, mais dont la Politique moderne ſemble faire tant de cas, doit être mis au nombre des inventions les plus funeſtes pour un Etat: il n'eſt utile & commode qu'à l'ambition des Princes & des Miniſtres que leur humeur inquiete précipite dans des guerres continuelles & dans des dépenſes qui excedent les revenus d'une Nation & ſes forces réelles. A l'aide du crédit, un Peuple reſte chargé à perpétuité de dettes accablantes qui font que la paix elle-même lui devient preſque inutile & ne lui permet jamais de reſpirer. Ainſi par le moyen du crédit, les gouvernements modernes ont trouvé le ſecret fatal d'éterniſer les miſeres des Etats; ils ſe ſont mis dans la néceſſité de multiplier les vexations, les taxes, les impôts & les droits dont nous voyons par-tout les Nations les plus puiſſantes accablées. Les Etats qui paſſent pour les plus opulents, éprouvent une vraie miſere: ceux qui les gouvernent ſont réduits à chercher continuellement des expédients pour ſubvenir à leurs dépenſes inſenſées; ils reſſemblent à ces enfans de famille qui pour ſe procurer de l'argent à tout prix, recourent à des uſuriers, & finiſſent par ſe trouver ruinés au moment où ils auroient dû jouir d'une fortune abondante.

Dans les Etats ſoumis à des maîtres abſolus, (comme en Turquie) il 'n'exiſte point de crédit public; le Deſpote n'a d'autres moyens pour ſe procurer l'argent qu'il demande, que de l'enlever par force à ſes ſujets. Dans d'autres Nations où regne un deſpotiſme moins effréné, le Gouvernement frauduleux tend des pieges à l'avidité toujours crédule des citoyens. Eſt-il dans la détreſſe? Le Deſpote promet tout. Mais ne ſçait-on pas qu'il n'y a point d'engagement ſacré pour un maître injuſte? Sous un tel Gouvernement le crédit pourroit ſe définir: l'Art d'eſcroquer ſubtilement à ſes ſujets ce que l'on n'a pas le courage de leur arracher par la force.

Le crédit d'un Gouvernement abſolu qui toujours méconnoit l'équité, ne peut être fondé que ſur l'étourderie & l'avarice de ſes ſujets, qu'il ſçait leurrer par l'appas des avantages momentanés qu'il leur fait entrevoir. L'expérience ne peut rien ſur des hommes auſſi légers qu'avides: peu capables de réfléchir, vous les voyez à tout inſtant retomber dans les mêmes pieges. Cependant à la fin ils ſont forcés d'ouvrir les yeux, & d'appercevoir les trames de leurs injuſtes maîtres. Alors ceux-ci, privés de la faculté de tromper leurs ſujets, redoublent leurs vexations; leurs Miniſtres ſe mettent à la torture pour imaginer des moyens ingénieux de dépouiller les Peuples; & dans l'incapacité de faire face à des affaires, dans lesquelles chaque jour apporte un nouveau désordre, ils anéantissent leurs dettes sans pudeur ; donnent à l'univers des exemples mémorables de la perfidie des Souverains, & aux Sujets des exemples de mauvaise foi, fidélement imités par les Grands & par tous ceux qui ont le secret ou le droit de voler impunément (21).

C'est ainsi qu'un mauvais Gouvernement devient une école d'injustice & de fraude. D'un autre côté il est fait pour être sans cesse trompé lui-même ; il n'y a que des frippons adroits qui sachent traiter avec un Maître qui a la force en main ; que rien ne peut lier & forcer de remplir ses engagements. Il n'y a communément que l'idée d'un profit énorme qui puisse déterminer à lui donner des secours ; & c'est toujours la nation qui devient la victime des traités onéreux que son chef fait avec des financiers avides & pervers ; elle est abandonnée à leur rapacité & à leurs extorsions ; engraissés de son sang, vous les voyez ensuite insulter leurs concitoyens par un luxe insolent & les infecter de tous les vices qui l'accompagnent. Rien n'est plus destructeur pour les mœurs d'un Peuple, que l'esprit de la *finance*. Rien de plus difficile, que de faire une fortune

(21) Sous un Gouvernement de mauvaise foi, rien de plus commun que le vol. Il devient du bon ton d'avoir des dettes & de ruiner ses créanciers. Les banqueroutes fréquentes annoncent un Gouvernement corrompu, des Loix sans vigueur, des citoyens frippons, des opinions dépravées. Quelle différence entre voler sur le grand chemin & contracter des dettes sans avoir l'intention de les payer ? L'assassin ne tue communément qu'un seul homme ? Un grand Seigneur chargé de dettes, assassine souvent un grand nombre de familles qu'il réduit à mourir de faim & de misere. La méthode si commune de voler en refusant de payer ses dettes, est la plus perfide, la plus cruelle & la plus impunie.

énorme par des voies innocentes : elle se fait toujours aux dépens des sujets.

Quoique dans une nation libre le Gouvernement soit forcé de montrer plus de retenue & d'équité : quoiqu'il jouisse par conséquent d'un crédit plus solide, fondé sur la confiance des citoyens ; ce crédit n'en tourne pas moins à la ruine de l'Etat & à celle des mœurs. La certitude de trouver des fonds, fait que le Gouvernement se précipite légérement dans des guerres, qui jamais ne dédommagent des dépenses qu'elles exigent. Peu-à-peu la dette nationale devient immense. La nation obérée, au sortir de la guerre la plus heureuse, se trouve à la paix plus accablée qu'auparavant ; elle voit alors qu'elle s'est follement sacrifiée à l'avidité de quelques citoyens adroits, qui savent toujours tirer parti des calamités nationales. Si elle fait alors la balance de ses pertes & de ses gains, elle trouve qu'il ne lui reste, après tout, que des dettes à payer. La nation n'a rien gagné, quelques particuliers ont fait des fortunes immenses ; quelques rentiers fainéants vivent avec splendeur, au milieu de leurs concitoyens ruinés, qui de l'argent importé dans leur pays, ne retirent que la soif des richesses, la contagion du luxe & du vice, la vénalité à laquelle la liberté nationale sera bientôt immolée. (22)

Quel est donc l'aveuglement des Nations & de ceux qui les gouvernent, pour ne pas voir qu'une sage économie est aussi nécessaire aux États qu'aux particuliers ? Un Gouvernement peut-

______

(22) En 1762 la dette nationale d'Angleterre montoit à plus de 129. millions de livres sterling & celle de la marine à 10. millions sterling : ce qui fait environ trois milliards cent cinquante millions de livres tournois.

peut-il donc oublier la maxime fi fimple *qu'il faut proportionner la dépenfe à la recette?* Ces principes font pourtant méconnus, dès qu'il s'agit d'un vain efpoir d'acquérir de nouveaux tréfors. La cupidité fe convertit en fanatifme, & fait qu'une Nation entiere s'immole de gaieté de cœur, fur l'efpérance incertaine de fe procurer des richeffes, dont l'effet unique fera de multiplier les miféres du grand nombre & la corruption générale.

Les fonds publics où les citoyens opulents font à portée de dépofer leurs capitaux pour en tirer les intérêts, non feulement deviennent très onéreux à l'Etat, mais encore favorifent la pareffe d'un grand nombre d'hommes qui, au lieu de faire valoir la terre, d'exercer leur induftrie, de s'occuper utilement pour la Patrie, fe livrent au défœuvrement, ne fongent qu'à s'amufer d'une façon fouvent très condamnable, & demeurent les bras croifés dans les villes qu'ils infectent de leurs dérèglements. Un Gouvernement fage & qui s'occuperoit de la confervation des mœurs, ne devroit fournir à perfonne les moyens de vivre dans l'inaction, dont tout nous prouve qu'il réfulte néceffairement un déluge de maux.

En accumulant les richeffes dans un petit nombre de mains, un Etat, je le répete, ne s'enrichit nullement. De quelque façon qu'on s'y prenne, l'homme opulent ne contribue jamais en aucun pays aux charges de l'Etat d'une façon vraiment proportionnée à fes facultés. En payant un écu à l'Etat, un citoyen qui n'en a que dix ou vingt, eft infiniment plus léfé que le riche qui poſſede un million d'Ecus & qui en payeroit cent mille. Le nombre des citoyens opulents eſt toujours très petit relativement à celui des citoyens qui ſont dans l'indigence ou la médiocrité ; les intérêts de ceux - ci ſont toujours indignement ſacrifiés à ceux des premiers.

D'un autre côté en multipliant les richeſſes d'un homme, il eſt rare que l'on multiplie ſa bienfaiſance & ſa libéralité. On obſerve communément que l'opulence, loin d'aggrandir & d'étendre les ames, les rapetiſſe & les rétrécit. Ainſi les richeſſes, au lieu de circuler dans la Société, au lieu de féconder les campagnes, au lieu d'exciter le pauvre au travail, vont ordinairement s'accumuler dans les coffres de l'avare, ou bien ſont répandues par le prodigue ſur ceux des citoyens dont la conduite mérite le moins d'être encouragée. Ce ſont des femmes ſans mœurs, des artiſans du luxe, des hommes pervers, qui tirent ſeuls parti des folles dépenſes d'un riche ſtupide ; le cultivateur, le citoyen laborieux, n'ont rien à eſpérer, ni de ſa bienfaiſance, ni de ſon zêle pour le bien public dont il n'a nulle idée.

Sous un Gouvernement Monarchique, la vanité, le faſte, la repréſentation ſont regardées comme des choſes indiſpenſablement attachées à l'Etat de quelques citoyens ; le luxe y paroît une choſe ſacrée à laquelle le Souverain n'oſe gueres toucher : il accable de plus en plus le malheureux, tandis que l'homme opulent étale ſans aucun riſque ſon faſte outrageant, aux yeux d'une Nation forcée de payer des impôts cruels ſur les

denrées les plus néceſſaires à la vie. Les campagnes ſont écraſées, tandis que les villes renferment quelques riches oiſifs & corrompus, qui
jouiſſent dans la moleſſe & la débauche, des travaux de l'agriculture qu'ils ne daignent, ni encourager, ni ſoulager. Bien plus leur vanité ſe plait
à dépeupler les champs; elle les prive des bras
deſtinés à les cultiver; elle attire dans des villes
qui ne ſont que des foyers de corruption, une
jeuneſſe inconſidérée qui bientôt ſe déprave par
l'exemple de ſes maîtres, & qui ſouvent finit
par groſſir le nombre des malfaiteurs.

Toutes ces réflexions, fondées ſur l'expérience, ſuffiſent pour démontrer que la paſſion
des richeſſes, devenue épidémique dans une Nation, eſt auſſi contraire à la ſaine Morale qu'à
la ſaine Politique, dont les intérêts ne ſe ſéparent
point impunément: elles nous prouvent que le
luxe, loin d'avoir quelque utilité, n'eſt propre
qu'à corrompre les mœurs, à diſſoudre les liens
de la Société, & contribue plus qu'aucune autre
cauſe à ſes malheurs & à ſa ruine.

Il eſt bien plus important pour une Nation
d'être heureuſe que riche. Une Politique équitable eſt faite pour préférer le bien-être du grand
nombre, à celui d'une poignée de déſœuvrés ſans
mœurs, qui trop ſouvent emportent la balance
& décident injuſtement du ſort de tous les autres.
Un Peuple jouit de toute la félicité dont il eſt
ſuſceptible, quand par un travail modéré il ſe
procure les vrais beſoins de la vie. Il eſt impoſſible de rendre heureux des hommes plongés dans

l'oisiveté, la molesse & le vice, dont l'imagination malade est perpétuellement occupée à se créer des besoins chimériques & bisarres.

La terre fournit à une Nation de quoi satisfaire ses vrais besoins; des manufactures utiles fournissent une ample carriere à l'industrie des citoyens. Le commerce n'est fait que pour suppléer à ce que la nature refuse à de certaines contrées. L'argent n'est que la représentation d'un bonheur *en puissance*; il ne devient bonheur *réel* que pour ceux qui ont appris l'art d'en faire un bon usage; il n'est qu'un mal pour ceux qui ne savent qu'en abuser; une Nation bien gouvernée, dont les terres sont bien cultivées, & dont la population est nombreuse, est assez riche, & ne doit pas craindre ses ennemis.

Dans plusieurs Etats anciens & modernes on a visiblement travaillé à corrompre le Peuple, en prétendant l'amuser par des spectacles pompeux & des fêtes fréquentes, qui presque toujours sont accompagnées de licence & de désordres. L'homme du Peuple est fait pour s'occuper; une oisiveté trop fréquente le dégoûte du travail & le rend dissolu; des dépenses employées à faciliter son labeur (comme à creuser des canaux, à faire des routes commodes) suffiroient pour occuper utilement pour l'Etat, tant d'oisifs dont les Nations sont surchargées & dont les Gouvernements ne sçavent tirer aucun parti. Quel emploi plus estimable & plus noble un citoyen opulent pourroit-il faire de ses richesses, que de les consacrer à des travaux publics, à des monuments avantageux à la Société, à des établissements vraiment utiles? Si le defir de mériter les fuffrages de leurs concitoyens fit quelquefois entreprendre aux plus riches des Romains des dépenfes incroyables pour des fêtes, des jeux inhumains, des monuments inutiles: fi la fuperftition a jadis engagé tant de Princes & de Grands à doter richement des monafteres, pourquoi un Gouvernement fenfé ne tourneroit-il pas l'efprit des citoyens opulents vers l'utilité générale, avec autant de facilité qu'un mauvais Gouvernement le tourne à la frivolité? Seroit-il donc fi difficile de faire voir à des hommes qui fe difent raifonnables, qu'il y a plus d'honneur & de confidération à gagner en faifant du bien, plus de douceur à fe faire aimer de fes concitoyens, qu'à les éblouir par un fafte inutile, qu'à exciter leur indignation & leur envie par un luxe infultant, par une hauteur révoltante, par des dépenfes extravagantes?

S'il exiftoit quelque moyen de tirer parti du luxe pour le bonheur d'une Nation, ce ne pourroit être qu'en excitant entre les riches & les grands une heureufe émulation de fe rendre utiles & chers à la Patrie. Mais cette paffion vraiment noble & généreufe ne peut être que l'effet d'une fenfibilité fagement cultivée par l'éducation, & convenablement encouragée & récompenfée par un Gouvernement bienfaifant. Si l'homme opulent avoit appris à fentir, ne trouveroit-il donc pas un plaifir bien plus pur & plus vrai à fecourir l'indigence honnête & laborieufe, à ranimer les travaux de la campagne, à forcer la terre ftérile de devenir féconde, à répandre l'a-

bondance dans des villages défolés, à porter la
confolation dans le fein de la probité malheureufe, à favorifer l'induftrie, que dans le puérile
avantage de briller aux yeux d'un vulgaire ftupi-
de par des équipages brillants, par des habits
d'une magnificence recherchée, par des bijoux
de grands prix? Un riche ou un grand ne de-
vroient-ils pas rougir de porter fouvent inutilement à leurs doigts des pierres dont le prix
fuffiroit pour rendre l'activité, le bien-être & la
vie à cinquante familles découragées? Que de
biens pourroient faire, que de contentement
pourroient fe procurer les riches & les puiffants
de la terre, s'ils fçavoient faire un ufage raifonnable des avantages que le Deftin a mis entre
leurs mains! Les Princes, les Grands & les Riches ne font fi peu contents & fi fujets à l'ennui,
qu'en punition de leur inutilité. ,, Faites du bien,
,, leur crie fans ceffe la nature, & vous ferez
,, à tout inftant fatisfaits, chéris & vraiment
,, confidérés.''

CHAPITRE VIII.

Des Vices de la Société.

Un Code moral ou un recueil de loix relatives aux mœurs, feroit évidemment bien plus utile aux nations, que la jurisprudence informe, barbare & souvent très injuste qui fert à les guider. Rien ne feroit plus défirable, que de voir un gouvernement éclairé donner la fanction de l'Autorité Souveraine à des regles simples, intelligibles, fondées fur la raifon & l'équité, qui fiffent connoître à tous les citoyens ce qu'ils se doivent réciproquement, ce qui peut leur rendre la vie fociale agréable, ce qui peut contribuer à leur félicité particuliere, ce qui eft fait pour leur mériter l'eftime publique, ce qu'ils doivent éviter ou faire pour obtenir les récompenfes & les diftinctions de la Patrie, enfin ce qui eft de nature à leur attirer l'averfion ou le blâme de leurs affociés, ou à les exclure des places & des avantages qu'ils pourroient défirer.

Une cenfure équitable, deftinée à rappeller les hommes à leurs devoirs, à corriger les vices, à réprimer les défordres, feroit fans doute une Magiftrature non moins honorable & plus utile que celle qui eft communément chargée de compofer leurs différents. Par là le Magiftrat deviendroit un Prêtre utile, & le Légiflateur exerceroit un Sacerdoce bien plus avantageux aux nations, que celui qui, fous prétexte de les con-

F 4

duire au falut, ne les repaît que de vaines chimè-
res & ne leur enfeigne que de fauffes vertus. La
morale, ainfi fortifiée par l'Autorité Souveraine,
deviendroit efficace, & préfenteroit des motifs
plus réels & plus puiffants, que celle qui n'offre
que les motifs imaginaires & les terreurs paniques
d'une autre vie.

M a i s la Politique ne daigne pas s'occuper de
la morale, qu'elle fuppofe du domaine de la religion. Au contraire la force deftinée à mettre
un frein aux défordres publics, les excite ; l'autorité faite pour corriger les mœurs, les corrompt ;
loin de réprimer le vice & la licence, elle les
autorife par fon exemple & paroît les encourager.
Des Souverains que tout invite à s'endormir au
fein du luxe & de la volupté, ne font pas faits
pour fonger aux mœurs des autres. Les déréglements les plus honteux, la conduite la plus contraire à la raifon, les excès les plus criants, au
lieu de trouver dans les hommes chargés de l'adminiftration des cenfeurs féveres, trouvent en
eux des complices, des fautcurs ou du moins des
juges très indulgents.

L e s Cours, comme on a vu, font des centres
d'où la corruption fe fait fentir à la circonféren-
ce ; elles donnent la fanction de l'autorité & le
vernis du *bon ton* aux défordres les plus criants.
Le Prince, accoutumé pour l'ordinaire à dédai-
gner fes fonctions, plongé dans la moleffe & la
luxure, faifant uniquement confifter fa grandeur
dans la vanité de l'étiquette, dans un fafte ruineux pour fon peuple, dans des dépenfes exces-
fives, ne trouvant très fouvent de remede à fes
ennuis que dans la diffipation & le vice, le Prin-

ce, dis-je, eſt comme on a vu, environné de courtiſans empreſſés à ſe conformer à ſes goûts. L'exemple des Grands eſt fidélement ſuivi par des citoyens aſſez vains, pour croire s'illuſtrer en imitant les déréglemens & les travers de leurs ſupérieurs, auxquels d'ailleurs ils ont intérêt de plaire. Un délire univerſel s'empare de tous les eſprits; une vanité épidémique devient la paſſion univerſelle, & ceux qui devroient remédier à la contagion, ſont préciſément ceux qui l'excitent & l'entretiennent. Dans un mauvais Gouvernement ceux qui devroient ſe montrer les plus ſages, ſont les plus corrompus & les plus déraiſonna-bles.

DANS des nations ainſi gouvernées, & guidées par de tels exemples, on ne doit pas être étonné de trouver les mœurs anéanties, la vertu mépri-ſée, les vrais talents dédaignés, la juſtice foulée aux pieds, la violence, la fraude, la rapine, la mauvaiſe foi, la proſtitution, l'adultere marcher le front levé, le vice triomphant inſulter ouver-tement la décence & la pudeur; enfin de voir la félicité publique & particuliere follement ſacri-fiées à la vanité, à un faſte ruineux, au luxe, au déſir de paroître. Il n'eſt point d'infamies & d'extravagances qui ne trouvent des juges favora-bles & des protecteurs, dans ceux qui devroient les réprimer. Le public familiariſé avec les dé-réglemens les plus honteux, n'y voit plus rien que de très naturel. L'opinion générale ſe per-vertit tellement, qu'elle traite comme des bagatel-les, les actions les plus contraires à l'ordre ſocial.

L'HABITUDE de voir le mal, diminue bientôt l'horreur qu'il devroit inſpirer. Que ſera-ce ſi l'on trouve le vice honoré, eſtimé, récompenſé dans les perſonnages que l'on révere, & ſi l'on s'apperçoit que, bien loin d'écarter de la fortune, il y conduit bien plus ſûrement, que la probité, la décence, la modération, la frugalité, le travail & les talents qui ne menent à rien ! Voilà comme un gouvernement, tant par ſa corruption, que par ſon indolence ou ſa frivolité, vient à bout de vicier l'opinion publique, de décourager le mérite, de rendre la vertu mépriſable. Les hommes s'imaginent que tout ce qu'ils voient pratiqué, eſtimé, recherché par leurs maîtres, ne peut être qu'honorable & avantageux ; on s'efforce de s'aſſimiler à ceux que l'on juge plus fortunés que ſoi ; chacun ſe perſuade que la dépravation & le vice ſont des marques de grandeur ; on cherche à copier ceux qui jouiſſent du droit de mal faire ; on regarde comme des dupes ceux qui ne ſe laiſſent pas entraîner au torrent. *Il ne faut pas ſe ſingulariſer* devient une maxime à laquelle chacun eſt obligé de ſe conformer, ſous peine de paroître étrange, ridicule & *du plus mauvais ton.* On paroît très ſingulier, quand on refuſe de prendre part au délire univerſel ; la ſingularité n'eſt très ſouvent qu'une conduite qui ſert de réprimande aux êtres inſenſés dont on eſt environné.

LE rang, la puiſſance, la multitude des coupables leur aſſûrant l'impunité, & même les mettant à couvert du blâme, anéantit néceſſairement pour eux toute crainte & tout remors. Les hommes, comme on l'a dit ailleurs, ne rougiſſent gueres des vices, des folies, & même des crimes qu'ils partagent avec un grand nombre de

complices. Ne foyons donc pas étonnés de voir
dans des nations corrompues le vice marcher
effrontément, & ne pas daigner s'envelopper des
ombres du myftere. Les yeux du public une fois
apprivoifés avec les actions les plus odieufes ou les
plus méprifables, chacun s'y livre fans fcrupule,
bien convaincu que la conduite la plus déshonnête
trouvera des protecteurs, ne le privera de l'eftime
de perfonne, & même lui applannira la route de la
fortune bien mieux que des vertus modeftes, une
confcience timorée, ou qu'un honneur délicat,
faits pour déplaire aux diftributeurs des graces.
Il faut de la foupleffe, de l'intrigue, de la frivolité, & fur-tout peu de délicateffe pour parvenir dans un gouvernement léger & corrompu,
où des femmes intrigantes & fans mœurs, des
hommes fans principes & fans vertu difpofent des
richeffes, des récompenfes & des places. Une
adminiftration inique ne veut que des coopérateurs iniques. Des miniftres frivoles & vains
n'accordent leurs faveurs qu'à des flatteurs, des
complaifants, des proxénetes, des parafytes.
Comment un homme de bien auroit-il l'ambition
de s'approcher d'une cour où la probité eft méprifée? Comment un homme de cœur pourroit-il
confentir à ramper aux pieds de ces grands, qui
ne comptent le mérite pour rien, & aux yeux
defquels la vertu même paroît très ridicule?
Enfin comment un homme qui a quelque fentiment d'humanité, pourroit-il defirer des places
dans lefquelles il ne peut fe diftinguer, que par
des violences & par une inflexible dureté?

La diffipation, la paffion du plaifir font, comme on là déjà remarqué, des difpofitions auffi

contraires aux bonnes mœurs & à la félicité publique, que la noirceur ou la mauvaise volonté. Dans une nation pour qui l'amufement eft devenu l'objet le plus intéreffant, chacun prend le ton général: les affaires les plus importantes fe traitent avec une légéreté furprenante; des miniftres defpotiques & frivoles conduifent avec gaieté l'Etat à fa ruine; c'eft du fein des plaifirs qu'ils dictent les arrêts qui condamneront un Peuple entier aux larmes & à la mifere. Comment les mains débiles de ces hommes énervés eux-mêmes par la moleffe, ou infectés du levain de la vanité, pourroient-elles arrêter les effets puiffants du luxe à qui rien n'eft capable de réfifter!

IL n'eft rien de férieux pour des enfans volages: nul homme ne s'affervit à remplir triftement les devoirs de fon état. Le magiftrat dédaigne fes fonctions! il craindroit de fe donner un vernis de ridicule, s'il fe piquoit d'exactitude; elle le feroit accufer de petiteffe & de pédanterie. Dans une fociété dans laquelle la vanité tient lieu de tout, le ridicule feul déshonore, il eft bien plus à craindre que le vice ou le crime. Ainfi l'homme que fa place rend l'arbitre de fes concitoyens, n'ira pas triftement méditer les loix, ou approfondir des matieres épineufes; il en fçait toujours affez pour juger à l'aventure des intérêts, de la fortune, de la vie même des citoyens.

L'HOMME de cour vient étaler aux yeux d'un peuple émerveillé fon fafte & fa vanité. Il fait trophée de fes vices qu'il qualifie de *bonnes fortunes*; il amufe fon oifiveté à corrompre l'innocence crédule; continuellement dérangé par fes dépenfes & par fon luxe, il trafique de fon crédit, *fait des affaires*, & sans égard pour l'équité, protege celui qui le paie le mieux. Il emprunte, il achete à crédit, il contracte des dettes, se rit ensuite de la simplicité de ceux qu'il a ruinés, & brave effrontément les pleurs d'une famille réduite à la mendicité. Corrompus par l'exemple de leurs maîtres; témoins & confidents de ses honteuses débauches; fiers de sa protection, ses valets portent les vices & l'insolence des palais jusques dans les dernieres classes du Peuple.

Le Pontife & le Prêtre sont eux-mêmes entraînés par le torrent de la perversité publique; cette religion, dont ils vantent les effets merveilleux, échoue contre les passions & les vices autorisés par la mode. Vous les voyez se conformer au ton du monde; adopter le faste des Grands; rougir de la simplicité évangélique, & la même bouche qui déclame contre la corruption du siecle, sollicite souvent des femmes au crime, ou cherche à séduire l'innocence qu'elle devroit fortifier contre les tentations du Démon.

Le Traitant uniquement fait pour songer à sa fortune, ne connoît d'autre honneur que de s'enrichir promptement. Son état le destine à vivre des calamités publiques. Autorisé dans ses rapines & ses concussions par le Gouvernement, sa conscience ne lui fait point de reproches incommodes. L'équité, l'humanité, la sensibilité seroient des qualités déplacées dans un homme qui se destine à s'engraisser de la substance des malheureux. Sa tête ingénieuse n'est occupée qu'à enfanter des projets nouveaux pour dépouiller son pays & redoubler sa misere. Enrichi une fois il adopte les vices, le faſte & le luxe de la grandeur ; il s'illuſtre par ſes repas ſomptueux, par ſes folles dépenſes, & par ſa magnificence, qui font bientôt oublier à ſes concitoyens eux-mêmes que ſon opulence eſt le fruit de leurs propres malheurs.

Accoutumée de longue main à tous ces affreux déſordres, la Société n'en eſt preſque plus révoltée. Les hommes les plus pervers excitent bien plus l'envie, que l'indignation publique. Ce qu'on appelle *la bonne Compagnie* eſt compoſée d'un tas d'hommes, dont la conduite eſt propre à faire rougir la raiſon & gémir la vertu. On y trouve d'agréables oppreſſeurs, d'agréables voleurs, d'agréables débauchés, des importans ſans nul mérite, des fainéants titrés, des hommes ſans honneur & ſans mœurs, des femmes ſans pudeur, des fats impertinents, que l'uſage fait paſſer pour de très honnêtes gens. Les bonnes mœurs les vrais talents, la probité ne tiennent lieu de rien, dans une ſociété frivole & déſœuvrée, qui n'a beſoin que de perdre ſon tems, & à qui le deſir continuel de s'amuſer ne permettent pas de rien approfondir. Pour être admis & conſidéré dans le monde, il ne faut avoir qu'un nom, un titre, un bel habit, un maintien décent, des airs & des manieres, du jargon ; on a pour lors tout ce qu'il faut pour ſe faire déſirer, d'ailleurs on eſt diſpenſé d'avoir aucune vertu. Lorſque le beſoin de s'amuſer eſt devenu le ſeul lien de la ſociété, on s'embarraſſe fort peu de connoître à fonds les perſonnes que l'on fréquente ; l'on ne ſe rend pas difficile ſur le choix de ſes amis, & l'on ſe lie avec quiconque fait eſpérer quelques inſtants de trêve avec l'ennui.

L'ART de vivre dans le monde n'est pour l'ordinaire que l'art de masquer ses dispositions véritables, pour affecter celles que l'on voit à tout le monde. Ce que l'on appelle décence, consiste à ménager la délicatesse ou l'amour propre d'une foule d'êtres vains & dépravés, qui ne veulent ni se voir eux-mêmes, ni être vus des autres tels qu'ils sont. La politesse n'est trop souvent que dissimulation ; elle consiste à déguiser ses sentimens pour tous ceux avec qui l'on vit, à leur cacher l'opinion qu'on en a, à leur faire croire qu'on leur attache la même valeur qu'ils se fixent à eux-mêmes. *Le bon ton* consiste à renoncer à son caractere pour se mettre à l'unisson de la vanité, de la frivolité, de la déraison générale. Pour être recherché, il ne faut que de la complaisance & bien du tems à perdre. Dans des sociétés ainsi constituées, on sent que la raison est déplacée. La droiture, la franchise, les mœurs sont taxées de simplicité, de sotise, par des gens qui pour se fréquenter, n'ont nul besoin de s'aimer, de s'estimer, ni même de se connoître. Le *ridicule* n'étant pour l'ordinaire que ce que les yeux ne sont pas accoutumés à voir, il ne faut point être surpris que des êtres corrompus trouvent la vertu & ridicule & déplacée. En un mot, il ne faut pas être étonné de voir la réflexion, le bon sens, la raison bannis comme inutiles des sociétés que la dissipation tient dans un délire continuel ; tout homme sensé n'est pour elles qu'un censeur incommode, dont la présence les condamne, & qui se trouve souvent forcé de s'en exclure.

COMMENT en effet un être raisonnable pourroît-il applaudir ou prendre part aux amufemens infipides & méprifables qui tiennent lieu d'occupations à la plupart des gens du monde ? Des perfonnages éternellement fatigués d'eux-mêmes, occupés à fe fuir fans ceffe pour chercher le plaifir, le trouvent-ils donc dans ces vifites périodiques, uniquement confacrées à la perte du tems; dans ces cercles brillants deftinés à mettre en commun les ennuis dont chacun eft dévoré; dans ces foupers dont la vanité & les prétentions banniffent la vraie gaieté; dans un jeu continuel dégénéré en fureur, mais fans lequel on ne pourroit remplir le vuide des converfations, ou fuppléer à la ftérilité des efprits? La confiance, la fatisfaction & la joie peuvent-elles fe rencontrer dans ces cohues compofées pour l'ordinaire d'êtres indifférents, qui fe connoiffent à peine, ou qui plus fouvent encore, pour fe connoître trop bien, ne s'aiment ni ne s'eftiment, & quelquefois fe méprifent & fe déteftent, ne fe voient que par intérêt, par décence, pour fauver les apparences ? Quelles douceurs peut-on goûter dans ces affemblées compofées d'ennemis fecrets perpétuellement occupés à s'obferver, à fe tendre des pieges, à épier leurs défauts, leurs ridicules, leurs prétentions réciproques, afin de trouver matiere à la médifance, à la critique, à la rifée, aux calomnies qui conftituent l'unique fond de la converfation d'un tas d'efprits malins, dont la profeffion eft de colporter de cercle en cercle la *chronique fcandaleufe* ou la *nouvelle du jour.*

Lᴀ malice, la médifance, & fur-tout la nouveauté deviennent des aliments néceffaires pour des efprits vuides de chofes; elles font indifpen-
fables

fables pour ranimer la langueur & l'infipidité des conversations. *Quelle nouvelle* étoit, dit-on, autrefois la premiere queftion des Athéniens, comme elle l'eft encore des oififs fans nombre dont les fociétés modernes font remplies. A l'exemple de Démofthene, un homme fenfé ne pourroit-il pas dire à fes concitoyens? „ Vous demandez
„ fans ceffe des nouvelles; eft-il donc rien de
„ plus nouveau ou de plus intéreffant pour vous,
„ que les dangers qui vous menacent à chaque
„ inftant! la contagion du luxe eft chez vous;
„ le vice vous mine peu-à-peu; vous êtes dans
„ un délire funefte que fuivra bientôt une lan-
„ gueur accablante: vous courez fans relâche a-
„ près le plaifir, fans jamais pouvoir le fixer: vos
„ maifons font en feu: vos femmes font déré-
„ glées: vos enfants font déjà corrompus: vos
„ valets vous pillent & vous ruinent; vos affai-
„ res font en défordre, & vous demandez *quelles*
„ *nouvelles?* L'injuftice commande; le Defpotif-
„ me eft dans vos murs; la tyrannie eft à vos
„ portes; elle défole vos Provinces, elle anéan-
„ tit vos loix, elle menace vos perfonnes, elle
„ machine de concert avec la perfidie, la des-
„ truction de vos fortunes; elle vous fait fucces-
„ fivement éprouver fes trahifons & fes coups,
„ & vous demandez des nouvelles! ô Athéniens!
„ vous êtes des enfans.

Mais le Defpotifme, le vice & le luxe jettent les hommes, ou dans une efpece de démence, ou dans une léthargie qui les rendent également incapables de réfléchir. L'inhabitude de penfer & de vivre avec foi-même, force chacun à fe répandre au-dehors. Il ne veut exifter que dans l'imagination des autres; il se précipite dans un tourbillon perpétuel, afin de s'étourdir sur ses ennuis secrets: dans l'impossibilité de trouver le bien-être en son propre cœur, il va le chercher dans le tumulte du monde, où il se rencontre aussi peu (23). Dans le désespoir de se rendre heureux, il veut du moins le paroître. L'homme opulent, incapable de faire un usage utile de ses richesses, veut représenter, c'est-à-dire avoir un grand nombre de témoins de sa félicité prétendue: il rassemble chez lui une foule de flatteurs, de parasites, de complaisants qu'il appelle ses amis, tandis qu'ils ne sont que des envieux, des jaloux, des ennemis cachés qui, profitant de sa folle vanité, l'aident à dilapider sa fortune, exaltent son bon goût, sa magnificence, sa bonne chere, sa générosité, son esprit; & parviennent quelquefois à lui faire croire à lui-même qu'il est heureux, tandis que dans le vrai il ne jouit de rien.

L A sociabilité est, sans doute, une disposition très louable; mais elle devient un mal par l'abus continuel que l'on en fait. Nul homme n'est exempt de défauts; ainsi l'homme en général, & sur-tout dans une société viciée, ne peut pas soutenir des regards trop pénétrans, & ne demande pas à être vu de trop près. Tout le monde a dans la bouche le proverbe trivial qui dit que *la familiarité engendre le mépris*; cependant on paroît à tout moment l'oublier par la facilité avec laquelle les liaisons & les sociétés particulie-

______

(23) *Turbam rerum & hominum quærunt qui se pati nesciunt.*

S E N E C.

res se dissolvent à tout moment. Des brouilleries continuelles, des réfroidissements, des dégoûts, des ruptures sont les suites naturelles d'un commerce habituel ou trop familier entre des êtres remplis de vanité, & qui ne peuvent pas long-tems déguiser leur caractere; ils se méprisent & souvent même se détestent, aussi-tôt qu'ils viennent à se démêler. C'est ainsi que des enfans se querellent & se brouillent pour les moindres jouets. L'on n'est si empressé de faire de nouvelles connoissances, que parce qu'on espere toujours rencontrer dans les inconnus, des qualités merveilleuses que l'on n'a pu trouver dans les personnes que l'on connoît. La nouveauté & la variété en tout genre ont des droits puissants sur les hommes. Quelle peut être la solidité de ces liaisons éphémeres qui, n'étant fondées que sur le besoin de se désennuyer, sur l'intérêt du moment & souvent sur la fausseté ou sur le projet de se tromper, ne sont point cimentées par l'amitié, la bonne foi, par l'estime sincere! Voilà pourquoi les hommes se prennent si légérement & se quittent de même. La trop grande sociabilité ou facilité à se lier, est une preuve de légéreté, & jamais la légéreté ne produit des liaisons durables. Entre les femmes, sur-tout, rien de plus rare que les amitiés solides.

Une Nation fascinée par le luxe & la vanité devient un vrai théâtre d'illusions & de prestiges, sur lequel des acteurs ne paroissent que pour se faire siffler. On n'y vit que dans l'opinion des autres; chacun y joue très gauchement un rôle qui n'est pas fait pour lui; personne ne veut être soi, parce que personne n'est content de ce

que la nature l'a fait. Telle est la véritable four≈
ce des prétentions fans nombre, des travers ;
des ridicules de toute efpece, & de cette affectation continuelle, par lefquels les êtres vivants
en fociété fe rendent fi fouvent impertinents
& méprifables les uns pour les autres. Chacun
veut faire parade des richeffes, des talents, de
l'efprit, du bon goût, des connoiffances, & même des vices & des folies qu'il n'a point. Dans
ce commerce frauduleux, l'on n'a pas toujours
égard à la vanité ou aux prétentions de ceux a-
vec qui l'on fe trouve en fcene ; ainfi la Société
devient l'arêne des jaloufies & des querelles puériles d'un tas d'êtres frivoles qui fe puniffent réciproquement de leurs fotifes, & qui font perpétuellement occupés à fe difputer l'importance
que chacun s'arroge dans le drame de la vie.

En général tout nous prouve qu'une vanité ridicule eft le fond du caractere de la plupart des
êtres légers dont une fociété frivole & corrompue
fe trouve compofée. Il faut de la raifon ou de
la réflexion pour mettre un jufte prix aux chofes.
Des êtres vivants dans un tourbillon continuel
ne réfléchiffent prefque jamais ; dans l'ignorance
la plus profonde de ce qui conftitue le vrai mérite, le véritable honneur, ou de ce qui peut donner des droits inconteftables fur l'eftime des hommes, chacun ne fe fait valoir que par des qualités & des objets futiles, auxquels il attache la plus
haute importance, dans lefquels il place fon exi-
ftence & fon bonheur, & qu'il feint de poffé der
quand il en eft privé. La vanité devient donc
l'unique reffort de tous les mouvements de la Société ; elle y tient lieu de tout. Les Princes ne

connoiſſent d'autre gloire que le faſte, qu'un vain appareil, que les petiteſſes de l'étiquette. Les Grands & les Courtiſans font conſiſter toute leur grandeur dans des titres, des rubans, des dépenſes ruineuſes. L'homme riche s'efforce de joûter contre les Grands, par un luxe deſtiné à le faire admirer par des paraſytes ou des envieux qui l'immolent enſuite à la riſée publique. Les femmes ne ſemblent venues au monde, que pour étaler dans les cercles, des robbes, des parures, & des modes ſouvent biſarres que leur eſprit fécond enfante chaque jour : le commerce entre les deux ſexes, connu ſous le nom de *galanterie*, n'a pour l'ordinaire que la vanité pour baſe ; l'amour ſincere en eſt parfaitement exclus. En un mot, la Société n'eſt qu'un lieu de trafic où chacun apporte ſes vanités diverſifiées.

Si les effets de ce délire épidémique n'étoient que ridicules, il faudroit ſe contenter d'en rire ; mais on doit en gémir, quand on voit que très ſouvent une vanité puérile, des prétentions impertinentes, le déſir de paroître, la manie d'être heureux dans l'opinion d'autrui, dégénerent en une fureur habituelle, capable de briſer entre les hommes les liens les plus ſacrés, qui eſt cauſe qu'on néglige ſon bonheur domeſtique ; qui fait que, non content de ſe ruiner ſoi-même, ou plonge encore ſa poſtérité dans l'indigence & la miſere. Rien de plus commun que de voir l'inconduite, la vanité, la folie produire des effets barbares & cruels. Des parents corrompus & diſſipés ſacrifient chaque jour leur bien-être le plus ſolide ; ſoit à la folie de paroître, ſoit à des amuſements frivoles & criminels. On ne rencon-

tre à chaque pas que des époux défunis: des ma-
ris débauchés & fans mœurs, des femmes qui fe
confolent dans les bras du vice, de l'indifférence
ou des duretés d'un mari tyrannique, des peres
infenfibles, des meres extravagantes & dépour-
vues de tendreffe, des enfans rebelles & fans
piété filiale, des proches divifés d'intérêts, des
amis peu folides, des libertins effrontés, des femmes fans pudeur, des riches endurcis & ftupides,
qui ne fçavent employer agréablement pour eux-
mêmes, ni leur tems, ni leur argent.

Tout le monde défire des richeffes, mais très
peu de gens favent en faire un ufage vraiment u-
tile, ou capable de fe procurer du bonheur. Par
l'imprudence, l'étourderie & la fotife des hommes, les chofes mêmes qui devroient leur faciliter le chemin du bien-être, font celles qui d'ordinaire les en écartent le plus. Le ridicule emploi que tant de perfonnes opulentes font trop
communément de leur fortune, fembleroit confirmer l'opinion de ceux qui regardent l'argent plutôt comme un mal, que comme un bien réel.
Rien de plus rare que le bien-être, la paix & la
vertu dans les familles opulentes; les infortunes
domeftiques que l'on y voit, font faites pour
confoler la médiocrité, & devroient calmer l'envie qu'elle porte à la richeffe.

Des nœuds uniquement formés par l'intérêt
fordide, ne produifent le plus fouvent, entre des
époux opulents & déréglés, qu'une froide indif-
ference, qui ne tarde point à fe changer en discorde & en haine: ils n'ont pour l'ordinaire de
pire maifon que la leur: pour faire diverfion aux

ennuis & aux dégoûts de la vie conjugale, des époux, incapables de s'eftimer & de s'aimer, vont chacun de leur côté chercher dans la diffipation & les plaifirs bruyants, des moyens de s'étourdir fur leurs peines. Une vie déréglée entraîne affez fouvent le dérangement des affaires, ou du moins fait négliger les devoirs les plus importans & les foins les plus néceffaires à la félicité particuliere.

Ainsi parmi les Riches & les Grands de ce monde, le mariage, bien loin de procurer les douceurs que l'on pourroit en attendre, n'eft trop fouvent qu'une fource féconde de chagrins & de maux (24), une fource empoifonnée qui n'eft propre qu'à infecter la poftérité des mêmes vices & des mêmes vertiges dont les peres ont été les victimes déplorables. Quelle éducation des enfans peuvent-ils recevoir de parents plongés continuellement dans le vice, la diffipation, le tumulte & l'ivreffe! Quels foins peuvent-ils attendre des auteurs de leurs jours qui ne fongent qu'à s'amufer! Des peres & des meres fans raifon, fans lumieres & fans vertu, feront-ils bien capables de leur former le cœur & l'efprit? Enfin quels citoyens peuvent donner à l'Etat, des êtres qui n'ont eux-mêmes aucune idée, ni de bien public, ni des devoirs de la Société, ni de ce qui peut conftituer le bien-être véritable!

(24) *Fæcunda culpæ fæcula nuptias*
Primum inquinavere, & genus, & domos :
Hoc fonte derivata clades
In patriam populumque fluxit.

HORAT. OD. VI. LIB. III. VERS. 17 ET SEQQ.

CHAPITRE IX.

De l'Education.

PLUTARQUE reproche à Numa, le fondateur de la religion des Romains, de n'avoir pas commencé dans sa législation par songer à l'éducation de la jeunesse. On est évidemment en droit de faire le même reproche à tous les Gouvernements. En effet dans quel pays voit-on les Souverains s'occuper avec suite de cet objet important à la félicité publique & particuliere? La Politique semble par-tout le regarder comme peu digne de ses soins; on diroit qu'elle trouve parfaitement indifférent d'avoir des citoyens vertueux ou corrompus, éclairés ou ignorants, raisonnables ou déraisonnables. Que dis-je! le Despotisme, ennemi né des lumieres & de la vertu, ne paroît se proposer que de retenir les hommes dans une stupidité permanente, de les diviser pour les soumettre, d'opposer des obstacles continuels au développement de leur esprit.

EN tout pays le soin d'élever la jeunesse est abandonné aux ministres de la religion, c'est à dire à des hommes qui, bien loin d'avoir la volonté ou la capacité de développer la raison humaine, n'ont évidemment pour objet que de la combattre, pour la soumettre à leur autorité. Le Prêtre ne connoît rien de plus important que d'inspirer à ses éleves un respect aveugle pour ses propres idées ; il les forme pour une autre vie, pour les Dieux, ou plutôt pour lui-même ; il leur défend de s'attacher à leurs semblables, de rechercher leur estime, de s'applaudir du bien qu'ils font. Il ne leur prêche que des vertus qui n'ont rien de commun avec la vie sociale ; il se garde bien de leur inspirer l'amour des sciences utiles, le désir d'examiner les choses. Incapable lui-même de connoître la vraie nature de l'homme, qu'il ne voit qu'au travers du voile de ses préjugés, le moraliste religieux ne sçait pas l'usage que l'on peut faire de ses passions, les mobiles naturels qu'il faudroit employer pour les remuer, la maniere de les faire servir à l'utilité publique. L'éducation sacerdotale ne semble avoir pour but que d'avilir les hommes, de leur ôter toute énergie, d'embrouiller leurs cerveaux, d'empêcher leur raison d'éclore, d'en faire des membres inutiles de la Société. Au sortir des mains de ses instituteurs, le jeune homme ne sçait, ni ce qu'il est, ni ce que c'est qu'une Patrie, ni ce qu'il doit faire pour elle dans les états divers où il peut se trouver. Il n'a l'esprit rempli que de dogmes & de mysteres inconcevables ; toute sa morale consiste à croire fermement ce qu'il ne comprend pas ; il s'imagine en avoir rempli tous les devoirs, lorsqu'il a scrupuleusement satisfait à des pratiques machinales auxquelles on l'a de bonne heure habitué.

Pour s'éclairer & devenir un être raisonnable, l'homme est obligé communément d'oublier les faux principes dont ses instituteurs ont pris soin de l'infecter ; ce travail est souvent très pénible ; rien de plus difficile que de se défaire des erreurs que, dès l'enfance, on apprend à chérir, & auxquelles pour l'ordinaire on demeure attaché pour la vie: rien de plus invincible que l'ignorance, sur-tout quand il en a coûté beaucoup de tems & de peines pour s'y confirmer: la vanité vient alors au secours du préjugé, & la rend indestructible. Moins un homme sçait, plus il tient à ce qu'il croit savoir. Un ignorant ne doute de rien; le doute est toujours le premier pas vers la sagesse.

Nonobstant les établissements coûteux que les Nations civilisées ont faits pour l'éducation de la jeunesse, tout homme qui veut sçavoir quelque chose est obligé de se former lui-même. L'éducation la plus soignée ne lui apprend que des langues mortes, une philosophie ténébreuse, des spéculations abstraites, des opinions qui ne sont propres qu'à lui rendre l'esprit faux, qu'à obscurcir les vérités les plus claires: lorsqu'il entre dans le monde, il n'a nulle idée du monde, ni de la façon de s'y conduire; les premiers principes de la vie sociale lui sont parfaitement inconnus; une morale religieuse lui tient lieu de tout, elle est le seul préservatif qu'on lui donne contre la corruption à laquelle il va se trouver exposé.

Tout nous prouve que les Prêtres sont de tous les hommes les moins propres à former des peres de familles, des hommes d'Etat, des magistrats, des citoyens, des êtres éclairés & raisonnables (25). Un dévot est communément

(25) *Ego adolescentulos existimo in scholis fieri stultissimos, quia nihil ex iis quæ in usu habemus, aut audiunt aut vident.*

Petronii Satyricon.

concentré en lui-même, farouche, incommodé, rempli de vains ſcrupules, nullement fait pour la Société, très porté même à la troubler quand le zêle échauffera ſon imagination enivrée de chimeres. En un mot, une morale dépourvue de motifs ſenſibles & naturels n'eſt pas faite pour des hommes deſtinés à vivre dans ce monde; une morale dont tous les mobiles ſont cachés dans les cieux, n'a point aſſez de force pour contenir des êtres que d'ailleurs tout conſpire à rendre aveugles & méchants. La premiere choſe que fait un jeune homme en entrant dans le monde, c'eſt de mettre de côté les préceptes de la religion dont il vient d'être imbu: il s'apperçoit dès le premier pas qu'ils ſont incompatibles avec tout ce qui ſe fait dans la Société.

COMMENT les idées rebutantes d'une Religion Stoïque ſeroient-elles faites pour en impoſer aux habitans corrompus & diſſipés d'un pays où le luxe a fixé ſon ſéjour? Les gens du monde n'y ſongent gueres; ou s'ils y penſent quelquefois, ces idées noires ſont bientôt effacées, ſoit par la diſſipation continuelle, ſoit par le tumulte des affaires. En vain la religion prêcheroit-elle le mépris des richeſſes; en vain déclameroit-elle contre les ſpectacles, les amuſements, les plaiſirs & les vices que la mode autoriſe: elle n'eſt point écoutée par des êtres à qui tout perſuade que ces choſes ſont indiſpenſables à leur bien-être. La religion n'eſt pour les gens du monde qu'une affaire de forme, qui n'influe aucunement ſur la conduite de la vie; on s'y conforme extérieurement, parce que l'uſage veut que l'on faſſe ce que l'on voit faire aux autres, & ce que l'on s'eſt ha-

bitué de faire dès l'enfance la plus tendre. La religion intérieure ne convient qu'à un très petit nombre d'hommes ; elle eſt ſi peu faite pour la Société, que ceux qui s'y livrent, ſont communément
obligés de rompre tout commerce avec elle.

U n jeune homme n'a beſoin que d'entrevoir
le monde, pour reconnoître auſſi-tôt que les
maximes dont ſes inſtituteurs ont pris ſoin de le
nourrir y ſont entiérement déplacées, y parois-
fent complettement ridicules, & ſont viſiblement
contredites par tout ce qui ſe paſſe ſous ſes yeux.
Sous un Gouvernement injuſte & dans une Nation corrompue, tout ſemble lui crier ,, laiſſe là
,, les préceptes incommodes d'une morale farou-
,, che qui ne meneroit à rien dans le pays où tu
,, vis ; leur pratique ſeroit un obſtacle invincible
,, à ton avancement. Le monde n'eſt rempli
,, que de fripons ou de dupes ; il eſt bien plus
,, ſûr de ſe ranger du côté des oppreſſeurs, que
,, du côté des opprimés. Proſterne-toi devant
,, le crédit ; humilie-toi devant les diſtributeurs
,, des graces : careſſe la main des tyrans, afin
,, d'acquérir le droit de tyranniſer comme eux.
,, Apprends à ne rougir de rien de ce qui peut
,, mener à la fortune : ſonge ſur-tout à t'enri-
,, chir ; l'argent repréſente ſeul tous les biens de
,, ce monde, il faut en avoir à tout prix. Ne
,, va pas ſottement écouter les reproches d'une
,, conſcience timorée qui t'arrêteroient à chaque
,, pas ; il faut faire comme les autres, leur exem-
,, ple juſtifie. Apprends à t'endurcir contre les
,, gémiſſements du pauvre ; la pitié n'eſt qu'une
,, foibleſſe ; elle n'eſt pas faite pour celui qui
,, veut plaire à des maîtres abſolus ; tout eſt

„ jufte & permis quand la force commande. Ne
„ dis pas que la religion condamneroit ta con-
„ duite: fes maximes imaginées pour des moines
„ ou pour le peuple imbécille ne font pas faites
„ pour l'homme qui veut fe pouffer dans le mon-
„ de. D'ailleurs une fois parvenu à tes fins,
„ tu feras toujours à portée de te réconcilier
„ avec les Dieux. *Il eft avec le ciel des accom-*
„ *modements;* fes miniftres n'ont-ils pas des mo-
„ yens faciles de l'appaifer? En attendant tu
„ jouiras de tes heureux forfaits; tu feras chéri,
„ confidéré, refpecté même de tes envieux. La
„ fortune, le crédit, le pouvoir te procureront
„ des amis qui t'empêcheront d'entendre les re-
„ mors, dont les cris ne ferviroient qu'à trou-
„ bler ta félicité.”

C'EST ainfi que la perverfité du Gouvernement
& la contagion qu'il communique à la Société
confpirent à rendre inutiles les principes de toute
morale. Il ne faut que des efclaves aveugles à
la fuperftition; il ne faut que des efclaves aveugles au pouvoir arbitraire; prefqu'en tout pays
les hommes font affervis; il ne faut donc point
s'étonner de les trouver prefque par-tout bas,
flatteurs, fourbes, menteurs, envieux, remplis
de vanité, dépourvus des fentimens de l'honneur
véritable. Ce n'eft qu'à force d'injuftices &
d'infamies qu'ils peuvent parvenir à contenter
paffagérement leurs befoins infatiables: toujours
mécontents de leur fort, ils font des efforts continuels pour le rendre meilleur: toujours opprimés, ils mettent tout en ufage pour paffer dans la
claffe des oppreffeurs; où perpétuellement occupés à ne faire que des malheureux, ils n'en font
pas eux-mêmes plus heureux.

Graces à la négligence des Souverains & aux intentions funestes d'une fausse politique, l'éducation dans aucun pays ne forme des pépinieres propres à recruter des hommes d'Etat, des Magistrats, des Citoyens utiles. La faveur, le crédit, la naissance, l'intrigue, les femmes, décident par-tout des places, & conséquemment du bien-être des Nations, des Familles, des Individus qui les composent. Un Despote s'imagine, sans doute, que son choix capricieux suffit pour conférer au premier venu les talents & les connoissances nécessaires à l'administration d'un Etat! Pour être propres à tout, il suffit à quelques hommes d'être nés. Le préjugé de la naissance, si fortement enraciné dans l'esprit d'un grand nombre de peuples, est un de ceux qui par ses conséquences leur devient le plus funeste. Sous le Gouvernement Monarchique, tout homme qui n'est pas d'un sang illustre, ne peut, sans des peines infinies parvenir à servir sa Patrie. Cependant rien de plus rare que de voir les Grands s'embarasser d'acquérir des connoissances & des talents.

Par un reste très sensible de la barbarie primitive, les hommes les plus distingués par leurs ayeux se croient communément dispensés de rien apprendre, & vont jusqu'à faire trophée de leur profonde ignorance. Ils regardent l'étude ou la culture de l'esprit comme le partage ignoble des plébéiens obscurs. Ainsi les Etats deviennent les victimes continuelles de l'impéritie des Princes & des Grands, qui regardent comme au-dessous d'eux d'acquérir les connoissances les plus nécessaires pour gouverner. Les places semblent faites pour les hommes, & jamais les hommes pour les places.

Les emplois, les distinctions, les honneurs sont des mobiles puissants dont un Gouvernement se prive, quand il ne s'en sert pas pour exciter l'émulation de tous les citoyens. Réservez toutes les places pour des hommes favorisés, qui croiront qu'elles leur appartiennent de droit, bientôt ils ne feront rien pour les mériter, & le reste des citoyens sera totalement découragé. Les Souverains qui tiennent une balance si peu juste entre leurs sujets, ignorent-ils donc qu'il peut naître sous le chaume un homme de génie capable de réparer lui seul tous les malheurs d'un Etat ? Chez les Asiatiques la volonté seule du Despote fait des Grands, mais il n'est point pour eux de noblesse héréditaire. Les Européens se sont fait des idées si bizarres & si fausses de noblesse, que le descendant d'un Tibere, d'un Caligula, d'un Néron leur paroîtroit un homme illustre, très digne d'être considéré, ou peut-être même fait pour régner sur l'univers, parce que ses ancêtres en ont été les tyrans !

Les Grands en tout pays semblent non seulement se condamner à l'ignorance la plus profonde, mais encore être voués, dès leur enfance, à la corruption la plus complette. L'éducation qu'on leur donne communément ne tend évidemment qu'à les rendre orgueilleux, vils & méchants. Des parents remplis de vanité ou des instituteurs abjects leur inspirent, dès le berceau, l'orgueil de la naissance, la hauteur, le mépris de leurs concitoyens. La morale d'un homme deftiné à la cour, doit être effentiellement aviliffante; elle confifte à tout faire pour s'attirer les regards du Prince qui, perverti lui-même, ne les laiffe tomber que fur ceux dans lefquels il voit des difpofitions conformes aux fiennes. Quelle grandeur d'ame, quelles idées d'honneur pourroit-on donner à des êtres faits pour ramper toute leur vie, afin de s'enrichir des dépouilles des nations opprimées! Quelles vertus peut-on infpirer à des hommes qui ne peuvent mériter la faveur que par des injuftices, des noirceurs, des baffeffes, des cabales & des crimes! Si, par un heureux hafard, un homme que fa naiffance appelle auprès d'un Prince, avoit reçu une éducation vertueufe, il fe verroit bientôt obligé, ou de renoncer à la cour, ou d'oublier des principes totalement incompatibles avec les intérêts de fa fortune.

L'INDIFFÉRENCE que les Souverains montrent pour l'éducation de leurs fujets, & plus fouvent encore l'inimitié qu'ils ont pour les talents & les vertus, font évidemment les plus grands obftacles que la morale rencontre fur la terre. Uniquement occupés de leurs plaifirs & du foin de contenter leurs caprices, il ne leur faut que des efclaves dociles, des vertus defquels ils ne s'embarraffent gueres; la feule qualité qu'ils leur demandent, c'eft une complaifance fervile. Sous un Gouvernement inique, l'équité, la bonne foi, la concorde, feroient, comme on a vu, des vertus déplacées: l'éducation ne doit avoir pour objet que d'étouffer ces fentimens dans les ames, & d'y faire germer en leur place la vanité, des idées fauffes d'honneur, de gloire, de grandeur; des

paffions

paſſions propres à ſoumettre les eſprits aux vo‑
lontés quelconques de ceux qui ont le pouvoir
en main. La jeuneſſe doit apprendre de bonne
heure à porter le joug, à n'avoir point de volon‑
tés qui ne cedent aux caprices de ceux qui dis‑
poſent des graces. Ainſi l'éducation doit briſer
le caractere, ſe borner à acquérir de la politeſſe,
du maintien, de l'extérieur, des talents propres
à plaire à des hommes corrompus & à des fem‑
mes frivoles qui trop ſouvent décident du ſort
des Nations.

Les mœurs ne peuvent être bonnes, que
lorſque la politique d'accord avec la morale s'oc‑
cupera du bien‑être des nations, & donnera à
l'éducation toute l'importance qu'elle mérite.
Tant que l'éducation ſera négligée, la raiſon
perſécutée, la vertu mépriſée, il ne faut pas
s'attendre à voir les hommes, ni meilleurs, ni
plus heureux. Le Gouvernement eſt fait pour
appuyer la morale; dès qu'il la contredit, elle
devient inutile & n'a plus aucun pouvoir ſur les
cœurs. La légiſlation devroit être le complé‑
ment & la preuve de la morale inculquée par l'é‑
ducation. Cette légiſlation, pour être juſte, ne
devroit preſcrire aux citoyens que les devoirs
impoſés par la nature & fondés ſur les rapports
qui ſubſiſtent entre eux. En un mot, une bonne
légiſlation ne devroit être que la morale rendue
plus efficace & plus intéreſſante, à l'aide des
récompenſes & des peines.

Si l'on demande comment il ſeroit poſſible
de faire ſentir au Peuple les devoirs de la morale
ou de lui donner de l'éducation, nous dirons qu'il
ſeroit bien plus facile de lui enſeigner les princi‑

pes évidents & fimples d'une morale naturelle, que les principes abftraits d'une morale religieufe & furnaturelle, qui ne font à la portée de perfonne; & que ces principes, appuyés de châtimens & de récompenfes vifibles, feroient plus d'impreffion fur les efprits les plus groffiers, que les fupplices & les plaifirs invifibles de l'autre vie.

Les Prêtres en tout pays font les feuls docteurs, les feuls moraliftes du Peuple. A quel point ces inftituteurs, déjà ftipendiés par la Société, ne lui feroient-ils pas utiles, s'ils lui enfeignoient une morale & plus claire & plus vraie que celle dont, depuis tant de fiecles, ils l'ont inutilement entretenue! Un Gouvernement qui auroit fincérement à cœur la réforme des mœurs, ne trouveroit-il pas dans un Clergé nombreux des coopérateurs capables de feconder des vues fi bienfaifantes? En faifant ufage des récompenfes dont il difpofe, un Souverain éclairé ne pourroit-il pas exciter parmi ces Docteurs du Peuple une émulation heureufe de fe diftinguer par leur zêle à éclairer leurs auditeurs? Quels fruits avantageux ne verroit-on pas réfulter de leurs inftructions, fi, laiffant de côté ces dogmes ténébreux, ces myfteres & ces merveilles dont on a fi longtems repu les efprits des hommes encore fauvages, ces Pafteurs confentoient enfin à donner à leurs troupeaux une nourriture plus faine & plus profitable! Quel poids ne donneroient pas à leurs leçons, les récompenfes honorables que le Gouvernement accorderoit à ceux qui les mettroient fidélement en pratique! (26)

(26) On peut juger de l'effet que les récompenfes ou les diftinctions les plus légeres font capables de produire fur les mœurs

VOILA fans doute des voies douces & faciles qu'une fage politique pourroit employer pour inftruire les peuples & pour former des hommes plus fenfés & plus vertueux : par là le Gouvernement fe procureroit des fujets actifs, attachés, raifonnables : par là il trouveroit dans les prêtres des citoyens plus fideles & plus foumis, que dans ces démagogues turbulents, ou ces fanatiques emportés, qui ont tant de fois allumé le feu de la difcorde pour des querelles inintelligibles, & fonné le tocfin de la révolte contre les Souverains. Avec tant de moyens honnêtes de fe rendre plus grands, plus puiffants, plus chers à leurs nations & de rendre les Peuples plus fages & plus heureux, les Princes ne s'en ferviront-ils jamais pour fe procurer à eux-mêmes un bien-être que la négligence & la tyrannie ne leur peuvent procurer !

SI des Gouvernements fans vues négligent honteufement l'éducation des citoyens, des parents raifonnables pourroient au moins y fuppléer : ils devroient reconnoître que de cette éducation dépend non feulement le bien-être de leurs enfans, mais encore leur félicité propre, la confolation de leur vieilleffe, la douceur de leur propre vie. Mais des vues fi fenfées ne font point faites pour les habitans légers des pays corrompus par le luxe, de l'efprit defquels toute prévoyance eft bannie. Comment des parents plongés dans la diffipation ou dans des plaifirs

par un fait connu en France. Par un ufage immémorial établi dans un village de Picardie appellé *Salency*, on préfente tous les ans une rofe en cérémonie à la fille reconnue pour la plus fage ; en conféquence de cet établiffement les jeunes filles de ce village fe font toujours diftinguées par leur fageffe.

illicites, & totalement dépourvus de raison &
de lumieres, s'occuperoient-ils du soin d'élever
des enfans pour lesquels ils n'ont aucune tendresse? Des êtres vicieux, continuellement occupés
à s'étourdir & à s'amuser sont-ils bien capables
de former des gens de bien, des hommes raisonnables, des peres ou des meres de famille, enfin
de bons citoyens?

Toute autorité légitime, comme on l'a dit
plus d'une fois, ne peut être fondée que sur les
avantages que l'on procure à ceux sur qui cette
autorité est exercée. C'est le bonheur qu'un
pere procure à son fils; ce sont les soins qu'il
donne à son enfance; ce sont les moyens qu'il
lui fournit de travailler à son bien-être, qui
lui donnent des droits sur l'affection, l'obéissan-
ce, les respects de ce fils. Un enfant ne doit
rien à son pere pour lui avoir donné une existence misérable, mais il lui doit beaucoup pour lui
avoir donné une existence heureuse. Pour être
aimé, il ne suffit pas d'être pere, il faut que des
soins bienfaisants fassent naître dans les cœurs
des enfans les sentimens de l'amour, de la reconnoissance, de la vénération, qui ne peuvent
être que les effets de la tendresse paternelle, de
la bonté, de la vertu.

Dans quelque position que l'on se trouve,
tout homme qui néglige le bien-être de ceux
qui lui sont subordonnés, affaiblit & perd les
droits qu'il a sur eux. Ainsi un pere négligent
ou cruel travaille lui-même à sapper les fondements de sa propre autorité. Ainsi un mari
libertin, dissipateur, sans tendresse détruit l'autorité maritale & paternelle. Ainsi un maître
qui ne fait éprouver que des hauteurs, des dure-

tés à ses serviteurs, ne doit pas s'attendre à être servi avec beaucoup d'affection & de zêle.

L'ÉDUCATION se propose de former le corps, le cœur & l'esprit. Les Parents doivent donner au corps de la force, aux organes de la consistence, au cœur de la sensibilité, à l'esprit des connoissances. C'est de l'accord de ces choses que résulte une bonne éducation. Des enfans élevés par des Parents vicieux n'ont communément que des vices, & n'ont le plus souvent dans un corps foible que des ames insensibles & des esprits sans culture. L'éducation devroit apprendre aux Princes à régner, aux Grands à se distinguer par leur mérite & leurs vertus, aux Riches à faire un bon usage de leurs richesses, au Pauvre à subsister par une honnête industrie.

C'EST visiblement dans la mauvaise éducation que des parents corrompus donnent à leurs enfans, que nous devons chercher la vraie source des désordres que nous voyons si souvent régner dans la Société. Des Parents orgueilleux, opulents, dissipés n'ont ni la capacité ni la volonté d'élever eux-mêmes leurs enfans, ou du moins de veiller sur les instituteurs qu'ils leur donnent. Ils les livreront sans examen à des hommes mercénaires qu'ils auront peut-être encore la précaution d'avilir, ou bien à des domestiques qui de bonne heure leur communiqueront les vices de leur état, ou qui se prêteront à toutes leurs fantaisies. Le premier pas vers la réforme des mœurs, ne feroit-il pas d'ôter à des parents négligents & déraisonnables le droit d'élever leurs enfants, dont ils ne peuvent faire que des membres incommodes pour la Société, & désagréables pour ceux-mêmes qui leur ont donné le jour?

Si Lycurgue s'est trompé, ou n'a pas consulté les regles de la saine morale dans la formation de ses loix, on ne peut disconvenir qu'il n'ait au moins très bien senti le pouvoir d'une éducation publique. A Sparte elle étoit sous l'inspection immédiate du Gouvernement; elle étoit uniforme & fixée par la loi; elle tendoit à inspirer & à cultiver les sentimens d'enthousiasme & de bravoure que l'on jugeoit nécessaires au soutien de l'Etat. Si ce législateur farouche, à l'aide de l'éducation a pu former des guerriers fanatiques qui méprisoient la douleur & la mort, pourquoi des législateurs plus humains & plus sages ne formeroient-ils pas de même des citoyens vertueux & raisonnables? Si l'éducation à Sparte a pu inspirer aux femmes mêmes, une grandeur d'ame & une force qui nous étonnent, pourquoi ne pourroit-on pas espérer de leur inspirer par la même voie des sentimens nobles & généreux, propres à les rendre plus respectables & plus utiles à la Patrie, plus cheres à leurs époux, plus respectables à leurs enfans?

Toutes ces réflexions, fondées sur l'expérience, nous montrent qu'il ne peut y avoir d'éducation dans des nations dont les mœurs sont corrompues. Des parents vains, prodigues, légers, qui se livrent au désordre, ne songent gueres à leurs enfants, ou bien ne leur inspirent que les goûts dépravés qu'ils ont eux-mêmes: ces enfans ne sont pour eux que des fardeaux incommodes; ils ne voient en eux que des obstacles à leurs amusemens; les soins qu'ils leur donne-

roient, les dépenſes qu'ils feroient pour eux, ſe-
roient pris ſur leurs propres plaiſirs. C'eſt ainſi
que le luxe & le vice font des parents dénaturés,
& empêchent qu'ils ne trouvent dans leurs enfans, les ſentimens qu'ils ont le plus grand intérêt
de faire naître dans leurs ames. C'eſt ainſi que
le luxe & la diſſipation anéantiſſent le bonheur
des familles.

COMMENT des enfans négligés, abandonnés,
pour ainſi dire orphelins, connoîtroient-ils les
rapports & les devoirs ſubſiſtants entre eux &
des parents qui les oublient? Ils n'auront pour
eux qu'une parfaite indifférence ; leur autorité
ne leur paroîtra qu'une véritable tyrannie ; ils
haïront ſécrettement ou réſiſteront ouvertement
à un pouvoir qui s'arroge le droit de gêner leurs
penchans déréglés ; ils les regarderont comme
des obſtacles aux plaiſirs dont ils voudroient jouir
à leur exemple ; ils attendront avec impatience
la mort de ces Parents, qu'ils ne voient que comme des gardiens incommodes des biens qu'ils ont
appris d'eux à déſirer comme le bonheur ſuprême. Eſt-il donc ſurprenant de voir des Parents
& des Enfans vivre enſemble comme des étrangers ? Les familles ne raſſemblent ſouvent que
des ennemis ſecrets, dévorés par un intérêt ſor-
dide ou par la paſſion du plaiſir. Les liens du
ſang ſont forcés de diſparoître dans des nations,
où la richeſſe, la diſſipation & le vice ſont les
uniques objets auxquels le bonheur eſt attaché.
Perſonne ne réfléchit & n'eſt à portée de ſentir
que la félicité domeſtique & permanente conſiſte
dans l'eſtime & l'affection réciproque, dans une
bienfaiſance mutuelle, dans l'union des eſprits &
des cœurs que la vertu ſeule peut faire naître,
fortifier & conſerver. H 4

Parents injuftes! qu'avez-vous fait pour ces enfants dont vous exigez la tendreffe, la reconnoiffance, la foumiffion & les fecours ? Pour vous livrer vous-mêmes, foit à des amufements frivoles, foit à vos déréglements honteux, vous diffipez les biens que vous devez leur tranfmettre: vous les banniffez de votre cœur & vous voulez qu'ils vous aiment ? Vous en faites les jouets de vos caprices déraifonnables & de votre humeur chagrine : au lieu de les attirer, vous les rebutez, vous ne les traitez qu'en efclaves: au lieu de leur former le cœur par des exemples vertueux ; au lieu de leur infpirer le goût des connoiffances utiles qui pourroient les garantir un jour du vice & de l'ennui, vous les avez fouvent rendus témoins de vos défordres ; vos difcours leur ont appris à connoître le mal ; vous leur avez rempli l'efprit de vanités & de folies ; vous les avez nourris dans une ignorance profonde ; vous ne leur avez jamais parlé de la vertu. Portez donc, pendant l'hyver de vos ans, la peine de votre négligence criminelle & de votre déraifon. Avez-vous pu ignorer que la piété filiale ne peut être que le fruit & la récompenfe de la tendreffe paternelle ? que l'amour engendre l'amour ? que la bienfaifance eft l'unique bafe de toute autorité ? Enfin ne fentez vous pas que nul homme fur la terre ne peut chérir ou refpecter des êtres dans lefquels il ne trouve ni bonté ni vertu ?

Les hommes ne concevront-ils jamais que, pour recueillir, il faut avoir cultivé & femé ? Les parents qui voudront un jour trouver dans leurs enfans des fujets foumis, des amis finceres, des confolateurs & des foutiens de leur vieilleffe, les approcheront de leur fein, les y réchaufferont, leur feront goûter les charmes d'une tendreſſe propre à leur rendre plus légeres les chaînes de l'autorité. Qu'ils leur apprennent à être juſtes, en ſe montrant toujours juſtes à leur égard : que l'Empire paternel, adouci par l'amour, ne ſoit jamais guidé par le caprice & la tyrannie ; qu'il ne s'oppoſe point aux jeux, aux plaiſirs innocents. Que l'on plante, que l'on arroſe, que l'on exerce de bonne heure la ſenſibilité, la pitié, l'humanité, la gratitude, dans des ames faites pour ſentir ; qu'indulgent pour la foibleſſe, on ne puniſſe avec rigueur que les fautes qui ſembleroient annoncer un caractere vicieux ou des diſpoſitions criminelles. Qu'on ne montre aux enfans que des modeles à ſuivre ; que les diſcours qu'ils entendent ſoient pour eux des inſtructions indirectes ; que les compagnies dans leſquelles on les admet ne détruiſent point dans leurs eſprits les impreſſions honnêtes que l'on y aura faites. Qu'on les accoutume peu-à-peu à penſer, à s'occuper, à faire cas de la ſcience, à craindre l'oiſiveté : qu'on leur inſpire des goûts utiles, capables de remplir le vuide de la vie & de leur fournir des reſſources aſſurées contre l'ennui. Que l'exercice donne au corps de la force & de la vigueur ; que l'éducation échauffe le cœur & développe l'activité de l'eſprit. Par là des parents attentifs & vertueux ſeront un jour amplement payés des ſoins qu'ils auront donnés à leurs enfans. Ils jouiront des qualités qu'ils auront ſemées en eux : ces enfans devenus raiſonnables ſçauront jouir des avantages de la fortune, s'ils en ont ; à ſon défaut ils trouveront un héritage ſuffiſant, dans les talents & les vertus qu'ils auront reçus de leurs peres.

H 5

CHAPITRE X.

Des Femmes.

LA portion la plus aimable de l'espece humaine, celle que la nature semble avoir destinée à procurer le plus grand bonheur à l'autre, à tempérer sa rudesse, à rendre ses mœurs plus douces & son ame plus sensible, est celle qui cause souvent les plus grands ravages dans la Société. Par la maniere dont en tout Pays les femmes sont élevées, on ne paroît se proposer que d'en faire des êtres qui conservent jusqu'au tombeau la frivolité, l'inconstance, les caprices & la déraison de l'enfance ; les hommes semblent oublier qu'elles sont faites pour contribuer à leur félicité la plus réelle & la plus durable. Le Gouvernement ne les compte pour rien dans la Société.

DANS toutes les contrées de la terre, le sort des femmes est d'être tyrannisées. L'homme sauvage fait une esclave de sa compagne, & porte le dédain pour elle jusqu'à la cruauté. Pour l'Asiatique voluptueux & jaloux, les femmes ne sont que les instruments lubriques de ses plaisirs secrets. Dans tout l'orient, séquestré de la Société, réduit en captivité par ses tyrans inquiets, ce sexe aimable languit dans l'obscurité, & végete dans une inutilité aussi longue que la vie. L'Européen au fond, malgré la déférence apparente qu'il affecte pour les femmes, les traite-t-il d'une façon plus honorable ? En leur refusant une éducation plus fenfée, en ne les repaiffant que de fadeurs & de bagatelles, en ne leur permettant de s'occuper que de jouets, de modes, de parures, en ne leur infpirant que le goût des talents frivoles, ne leur montrons-nous pas un mépris très rèel mafqué fous les apparences de la déférence & du refpect?

QUELS fruits avantageux la Société peut-elle attendre de l'éducation que parmi nous l'on donne aux jeunes filles d'une claffe relevée? Comment des meres vaines, diffipées & fouvent coupables d'intrigues criminelles, pourroient-elles apprendre à leurs éleves les regles de la fageffe, de la modeftie, de la pudeur? Ces meres infenfées leur donnent-elles des leçons de retenue, de prudence & d'économie? Non, fans doute; elles éloigneront d'auprès d'elles des témoins incommodes de leurs propres déréglements ou de leur déraifon: l'éducation de leurs filles fera confiée à des reclufes dénuées de toute expérience, féqueftrées de la Société, ignorantes, crédules, fuperftitieufes, remplies de petiteffes & de préjugés. Eft-ce donc là le moyen de former des citoyennes, des meres de famille, des époufes capables de mériter l'eftime & de fixer les cœurs de leurs époux?

DE la mufique, de la danfe, de la parure, du maintien, voilà communément à quoi fe borne l'éducation d'une jeune perfonne deftinée à vivre dans le grand monde. Sur quoi il eft bon d'obferver les contradictions frappantes dont cette éducation eft accompagnée. La religion défend à une fille d'aimer le monde & de chercher à lui plaire; tandis que d'un autre côté tout ce que ſes parents lui enſeignent ou lui font apprendre, a pour objet de plaire au monde. On fait conſiſter ſon honneur dans la réſerve, la pudeur, la décence, & ſur-tout dans la conſervation de ſon innocence; tandis que d'un autre côté le goût de la parure & de la coquetterie qu'on lui inſpire, ſemble l'exciter à ſe défaire de toute réſerve & de cette innocence qu'on lui avoit montrée comme ſon plus grand tréſor, comme le plus bel ornement du jeune âge!

INSTRUITE de cette maniere, une fille dépourvue d'expérience, par l'ordre de ſes parents, eſt jettée, ſans examen, entre les bras d'un homme qui lui eſt totalement inconnu, dont la tyrannie, l'indifférence & les mauvais procédés la porteront peut-être bientôt à ſe conſoler par la diſſipation, l'inconduite & le vice, de ſes chagrins habituels.

AINSI, des parents inhumains forcent ſouvent une fille de prendre les engagements les plus contraires à ſon goût; elle eſt conduite en victime aux autels, & forcée d'y jurer un amour inviolable à un homme pour qui elle ne ſent rien, qu'elle n'a jamais vu ou même qu'elle déteſte. Elle eſt remiſe au pouvoir d'un maître qui, content de poſſéder un inſtant ſa perſonne & de jouir de ſa dot, la contrarie, la néglige, ſe rend odieux par ſes mauvaiſes manieres & ſon peu d'égard, & qui très ſouvent, par ſon exemple & ſes duretés, la pouſſe au mal comme au moyen de ſe venger du Deſpote devenu l'arbitre de ſon ſort. L'hymen ne lui offre aucunes douceurs; il ne lui préſente que des chaînes rendues indeſtructibles par la religion, & que celle qui les porte, arrose continuellement de ses larmes, à moins qu'aux dépens de sa vertu, elle ne cherche à les alléger par ses déréglements. Parents barbares! n'est-ce donc pas vous qui, lâchement guidés par un intérêt sordide, forcez au crime, ou plongez pour la vie dans le désespoir, des filles à qui vous deviez le bonheur? Vous ne consultez dans vos alliances que votre folle vanité ou votre avarice honteuse: ne consulterez-vous donc jamais le bien-être de vos enfans?

LES égards, l'estime, l'amitié, l'envie de plaire, sont encore plus nécessaires que l'amour au bonheur des époux. Mais l'estime ne peut être fondée que sur les qualités de l'esprit & du cœur; ce sont elles qui peuvent seules procurer à l'hymen une sérénité constante. L'amour est une fleur tendre que le moindre soufle peut flétrir; l'estime est un arbre profondément enraciné qui résiste aux tempêtes. Si le sauvage & l'homme privé de raison ne voient dans l'union conjugale que la jouissance brutale de quelques plaisirs passagers, l'homme sensé veut, indépendamment de la jouissance, rencontrer auprès de l'objet aimé, des plaisirs durables, faits pour l'emporter sur ceux qui ne sont que momentanés: dans le choix d'une femme il consultera donc bien plus les qualités du cœur; que des charmes fugitifs que tant de causes peuvent enlever. Les années n'épargnent point la beauté, mais elles respectent la vertu qui survit à leurs ravages.

QUEL jugement devons-nous donc porter des maximes extravagantes établies dans ces nations corrompues où l'infidélité conjugale est traitée de bagatelle? Son effet n'eſt il pas de détruire toute eſtime, toute confiance, toute amitié, entre des êtres deſtinés à vivre enſemble? Quelle inſulte plus marquée au bon ſens d'une femme, que d'oſer impudemment ſolliciter ſes faveurs! L'amant qu'elle s'applaudit quelquefois de voir à ſes genoux, ne ſemble-t-il pas l'inviter à ſacrifier tout d'un coup le bonheur de toute ſa vie, à ſa vanité, à ſa fantaiſie paſſagere? Eſt-ce donc aimer une femme que de lui dire „ pour honorer mon triomphe, pour me „ procurer quelques inſtants de plaiſir, perdez „ à jamais l'eſtime & l'affection d'un époux duquel dépend votre félicité journaliere : par „ complaiſance pour moi rendez vous odieuſe „ & mépriſable aux yeux de l'homme dont vous „ avez le plus grand intérêt à conſerver l'eſtime. „ Bravez l'opinion publique qui, toute dépravée „ qu'elle eſt, ne manquera pas de vous noircir „ & d'inſulter à votre foibleſſe. Confiez à des „ valets mercénaires votre intrigue criminelle, „ & rendez-les vos maîtres, en les rendant dé„ poſitaires de vos honteux ſecrets. ”

Tels ſont pourtant les effets de l'infidélité conjugale. Comment l'opinion a-t-elle pu ſe dépraver au point de traiter légérement un crime, qui ſuffit pour anéantir ſans retour le bien-être d'une famille entiere, pour briſer le plus doux des liens, pour faire du mariage un joug inſupportable, pour pervertir la poſtérité par des exemples propres à lui faire mépriſer la décence, la vertu? Voilà comment la ſource qui devroit procurer des citoyens à la Patrie, eſt elle-même viciée & ne lui fournit que des êtres corrompus.

Cependant de pareils désordres sont autorisés, ennoblis par la conduite des Princes & des Grands. La corruption est telle dans quelques nations, que la tendresse conjugale y est regardée comme une chose ignoble, méprisable, du *mauvais ton*. Des époux d'un rang élevé rougiroient de montrer quelque attachement les uns pour les autres. Il sembleroit qu'une femme n'est point à son mari, mais appartient à quiconque en veut faire la conquête. Que penser des pays où la perversité est si grande, qu'un mari consent souvent aux désordres de sa femme, & les regarde comme un moyen de fortune! Quelles idées de l'honneur peut donc avoir un Peuple, chez qui l'infamie volontaire n'a rien qui déshonore!

Le déréglement des mœurs, le libertinage, ou ce qu'on appelle *Galanterie*, sont des suites nécessaires de l'ignorance, de la légéreté, de la dissipation & sur-tout de l'oisiveté dans laquelle les hommes & les femmes sont trop souvent plongés. Les femmes sont destinées à s'occuper des soins domestiques & de l'éducation de leurs enfans. Qu'elles leur inspirent donc de bonne heure les vertus qui serviront de base à leur félicité future: qu'au lieu de se livrer à une passion ruineuse pour le jeu, à une dissipation où leur vertu s'expose à des dangers continuels, que ne songent-elles à cultiver la finesse d'esprit qu'elles ont reçue de la nature? Alors elles ne feront plus forcés de remplir par des minuties ou par des intrigues criminelles, le vuide immense que l'éducation laisse communément dans leur ame. Les charmes, ornés par la raison & la sagesse, n'en seront pas moins aimables & seront plus respectables.

Dans des nations corrompues, & sur-tout dans les grandes villes, qui font communément des fentines infectées par le vice, à combien de dangers la négligence du Gouvernement & le défaut d'éducation n'expofent-ils pas la fille de l'homme du peuple! Pour peu que la nature lui ait donné d'appas, elle femble deftinée à être facrifiée au vice opulent, & à devenir la victime de la proftitution. L'indigence, la pareffe, la vanité, l'exemple, tous les difcours qu'elle entend, l'invitent à chercher dans la débauche une fubfiftance plus commode que celle que lui procureroit le travail de fes mains. Dépourvue de principes & des fentimens de décence & d'honneur, elle fe trouve fans défenfe au milieu d'une foule de féducteurs conjurés à fa perte. Au lieu de rencontrer dans fes parents des appuis contre la féduction, ceux-ci, pour fe tirer de la mifere eux-mêmes, confentiront fouvent à trafiquer de fes charmes avec quelque libertin riche ou puiffant qui, après avoir affouvi fes défirs, l'abandonne à la honte, & à la trifte néceffité de perfifter dans le déréglement. A quel point la débauche ne doit-elle pas dépraver l'opinion & endurcir les cœurs de tant de gens que l'on voit faire trophée des victoires infames qu'ils remportent fur l'innocence féduite, rendue malheureufe & méprifable pour toujours! Quelle idée peut-on fe former des loix qui laiffent fans châtiment des féducteurs auffi cruels, que les affaffins les plus déterminés? Eft-il un crime plus propre à exciter des remors que celui qui plonge de gaieté de cœur l'innocence dans l'opprobre & l'infortune? Enfin eft-il un préjugé plus abfurde & plus cruel, que celui qui condamne à une infamie perpétuelle

tant

tant de foibles créatures, tandis que les auteurs de leurs fautes ofent fe vanter ouvertement de leurs triomphes odieux.

Les femmes de tout état fe trouvent un jour cruellement punies de n'avoir point dans le jeune âge, jetté les fondements de leur bien-être futur. Les plus adorées dans leur printems font communément les plus à plaindre dans leur automne & leur vieilleffe. Inutiles alors à la Société, livrées à elles-mêmes, fevrées des flatteries & des hommages auxquels leur vanité s'étoit accoutumée, elles tombent pour l'ordinaire dans une fombre mélancolie; une dévotion chagrine eft fouvent l'unique reffource qui leur refte pour jouer quelque rôle dans le monde; l'humeur noire vient remplacer en elles la diffipation, la gaîté, les plaifirs. A charge à elles-mêmes & à la Société, elles confacrent à Dieu des moments d'oifiveté, dont elles ne peuvent plus difpofer d'une façon plus agréable.

PLATON appelle les femmes au Gouvernement des Etats, & même au commandement des armées; mais il veut que leur éducation foit la même que celle des hommes (27). Des exemples nombreux nous prouvent en effet que des femmes ont quelquefois gouverné des Empires avec fageffe & gloire. Mais hélas! où en feroient ré-

(27) Plutarque nous dit que *Telefilla* d'Argos, femme d'une naiffance illuftre, fe trouvant accablée d'infirmités, confulta l'oracle d'Apollon, qui lui répondit que, pour recouvrer la fanté, il *falloit qu'elle fe dévouât au culte des mufes*; en conféquence elle reprit des forces, acquit des talents, & fe diftingua par fon efprit & fon courage.

Tome III. I

duits les Peuples, s'ils étoient gouvernés par les caprices de femmes légeres, frivoles & sans mœurs, telles que celles qui se trouvent en grand nombre dans des Nations corrompues! Des femmes de cette trempe, quand elles ont du crédit, ne tardent pas à conduire un Etat à sa ruine.

LE célibat, si contraire au vœu de la nature & aux intérêts des Etats, est une suite du luxe, de la vanité, de la frivolité que tout inspire aux femmes. Un homme n'auroit-il pas tout à craindre, en unissant son sort à celui d'une personne que tout conspire à rendre oisive, dissipée, ennemie de l'économie, de la frugalité, & dont la vertu est très fragile? Des filles convenablement élevées, sous les yeux de meres plus attentives & plus décentes, inviteroient les hommes au mariage; ceux-ci, par leurs intrigues & leurs séductions, troubleroient bien moins la tranquillité des familles. Dans une nation sans mœurs, les hommes craignent de s'engager dans des nœuds que la religion & la loi défendent de jamais rompre. Ils trouvent dans la débauche, des ressources variées qu'ils préferent aux plaisirs uniformes & légitimes que le mariage peut procurer. Une législation assez sénsée pour permettre le divorce, remédieroit en grande partie à la corruption publique; elle inspireroit aux époux plus de retenue; ou du moins elle empêcheroit que souvent pendant tout le cours de la vie, le mariage ne fût la source intarissable de leurs malheurs domestiques.

PAR l'indissolubilité du mariage établie dans

un grand nombre de Nations Européennes, la Religion & la politique semblent avoir résolu d'empoisonner dans sa source même le bonheur des citoyens. Est-il rien de plus absurde, de plus injuste, de plus tyrannique, que de forcer deux époux qui se haïssent, qui se méprisent, qui chaque jour deviennent plus insupportables l'un à l'autre, de vivre ensemble dans l'amertume & la discorde, sans laisser à leurs peines d'autre terme que la mort? Des institutions si peu raisonnables doivent nécessairement amener la corruption des mœurs. Rien, dit Sophocle, *n'est plus froid que les embrassements d'une femme sans pudeur.* Quelles ressources, quel bonheur peut-il y avoir, pour des êtres obligés de se fuir réciproquement, & pour qui leur maison n'est plus qu'une prison détestable.

L'on voit donc que les usages, les loix, les institutions humaines, loin de chercher à rendre les citoyens plus sages & plus heureux, contribuent très souvent à les rendre insensés & misérables. Leurs folies & leurs maux sont encore aggravés & multipliés par le luxe, la vanité, la passion du plaisir. Dans un pays où les esprits sont ainsi disposés, la contagion du vice entre, pour ainsi dire, par toutes les portes; tout invite à la débauche, à la dépravation. Quels funestes effets ne doivent pas produire sur les femmes ces spectacles, dans lesquels tout conspire à nourrir, ou à faire éclore chez elles des passions amoureuses, qui souvent sont pour elles une source intarissable de peines? Quels ravages ne doivent pas produire dans leurs imaginations vives, les

peintures féduifantes de l'amour & des intrigues
criminelles que le théâtre leur préfente fi fouvent? Faut-il être furpris de trouver tant de fra-
gilité, dans un fexe dont des drames, des lectu-
res frivoles, des Romans font l'unique occupation, & qui dans fon oifiveté eft perpétuellement
affailli par la volupté? La faine morale n'eft-elle
pas forcée de fe joindre à la religion pour condamner des fpectacles, dans lefquels tout confpire à féduire, amollir, corrompre & le cœur &
l'efprit? Que penfer des Gouvernements qui,
non feulement tolerent, mais encore donnent ouvertement leur protection à des amufements, qui
font évidemment pour la jeuneffe les écoles du
vice, des lieux privilégiés, deftines à irriter les
paffions, des écueils où l'innocence, attaquée
par les yeux & les oreilles, féduite par les maximes d'une *morale lubrique, réchauffée par la mufique* & par des danfes lafcives, s'expofe à des
naufrages continuels? (28)

On nous dit chaque jour que le théâtre, épu-
ré par le goût & la décence, eft devenu pour
les modernes une *école des mœurs*. Ne fuffit-il pas
d'ouvrir les yeux, pour fe détromper de cette
idée? L'objet de la plupart des drames les plus
eftimés, n'eft-il pas de nous peindre fans ceffe
des intrigues amoureufes, des vices que l'on s'efforce de rendre aimables, des défordres faits pour
féduire la jeuneffe inconfidérée, des fourberies
capables de fuggérer mille moyens de mal faire?
Le ridicule, deftiné à corriger les hommes de

______

(28) Voyez Boileau *fatyre des femmes,*

leurs extravagances, n'eſt-il pas ſouvent jetté ſur la droiture, l'innocence, la raiſon, la vertu mê- me, pour leſquels tout devroit inſpirer le plus profond reſpect? Enfin peut-on prétendre de bonne foi que ce ſoit pour prendre des leçons de ſageſſe, que tant de déſœuvrés vont journelle- ment courir à des ſpectacles où, peu attentifs à la piece, nous les voyons perpétuellement volti- ger au-tour d'une troupe de ſyrênes, qui vivent du trafic de leurs charmes, & qui mettent tout en uſage pour entraîner dans leurs pieges ceux dont elles ont irrité les déſirs? Après avoir vu la tendreſſe conjugale tournée en ridicule, dans un grand nombre de comédies, une femme ren- tre-t-elle donc chez elle bien pénétrée des de- voirs de ſon état & des ſentimens qu'elle doit à ſon époux? Quelles impreſſions peuvent faire ſur le cœur novice & tendre d'une jeune fille, les exemples ſéducteurs que lui montrent tant de dra- mes, à la repréſentation deſquels ſes parents ont eux-mêmes la folie de la conduire? A combien d'écueils une ame ſenſible n'eſt-elle pas continuel- lement expoſée, par l'imprudence de ceux qui devroient la garantir des dangers!

Pour être vraiment utile aux mœurs, la co- médie ne devroit montrer le vice qu'accompa- gné de la honte & de l'ignominie. Qu'elle cou- vre de ſes traits le jeu, la débauche, l'intrigue, la galanterie, la mauvaiſe foi, l'hypocriſie, l'a- mitié fauſſe, la perfidie; qu'elle dirige la pointe du ridicule contre la vanité, la fatuité, la frivo- lité, les ſotiſes épidémiques qui font que tant d'êtres inconſidérés ſe rendent malheureux ſans y ſonger.   Que la tragédie noble & fiere, au lieu de repréſenter ces héros amoureux , ſi ſouvent remis en ſcene, montre aux maîtres de la terre, & aux grands qui les approchent & les conſeillent, les effets redoutables de la tyrannie, de l'injuſtice, de l'ambition, du fanatiſme.   Qu'elle leur expoſe le tableau des ravages & des révolutions ſanglantes produites en tout tems par les paſſions des Rois; qu'elle leur inſpire une horreur ſalutaire pour les crimes qui ſouvent ont porté les Peuples au déſeſpoir: qu'elle leur apprenne à s'attendrir ſur les malheurs des hommes, à la vue des malheurs auxquels la fortune ſouvent expoſe les Souverains eux-mêmes.   Si, chez les Peuples libres de la Grece , la tragédie paroît avoir eu pour objet d'inſpirer aux citoyens la haine de la tyrannie & l'amour de la liberté, ſon objet doit être encore d'inſpirer aux Souverains & aux Sujers la crainte de cette même tyrannie & l'amour de la liberté, ſi néceſſaire à leur ſûreté réciproque.

PLUSIEURS auteurs illuſtres & chers aux nations ont ſans doute connu le vrai but de l'art dramatique ; leurs talents mériteront à jamais la reconnoiſſance & les applaudiſſements des peuples: mais beaucoup d'autres, plus empreſſés de recueillir des ſuffrages paſſagers, ont lâchement flatté les vices régnants, ont voulu ſe conformer au mauvais goût d'un ſiecle frivole & corrompu, n'ont cherché qu'à nourrir la vanité des femmes, en remettant perpétuellement ſous leurs yeux les effets du pouvoir que leurs charmes exercent ſur les cœurs: par là, loin de travailler à la réforme des mœurs, ces auteurs, pour la plupart, n'ont fait qu'attiſer des paſſions nuiſibles, & alimenter des folies dangereuſes, également contraires au vrai bonheur des femmes & à celui de la Société, dans laquelle tout devroit les inviter à jouer un rôle qui, ſans les rendre moins aimables, les rendroit bien plus reſpectables & plus fortunées.

Sexe enchanteur! que la nature a formé pour exercer l'empire le plus doux, connoiſſez enfin le prix de la raiſon; connoiſſez la puiſſance de la vertu; prêtez leur votre voix ſéduiſante, afin qu'elles perſuadent & qu'elles attirent les mortels; reſpectez-vous vous-mêmes, afin de leur imprimer le reſpect qui vous eſt dû. Laiſſez là ces parures & ces frivolités qu'une éducation trompeuſe vous a fait regarder comme des objets importants. Cultivez, ô femmes aimables, cultivez cet eſprit fin & cette imagination vive que la nature vous a donnée: que votre ame ſenſible s'échauffe pour des vertus néceſſaires à votre félicité durable. Rendez-vous eſtimables par votre ſageſſe & vos mœurs, autant que vous nous attirez par vos charmes. Que vos regards confondent l'impudence & la fatuité; que vos mépris puniſſent la préſomption, l'ignorance & le vice; que votre accueil diſtingue & récompenſe le mérite modeſte & la probité. Contribuez par votre exemple à la réforme de ces êtres futiles & déſœuvrés qui infeſtent la Société. Rendez-les à la patrie; ramenez-les à la vertu. C'eſt alors que vous régnerez bien plus ſûrement, que par de vains ornements, des galanteries, des intri-

gues qui vous rendroient méprifables aux yeux
mêmes de ceux qui fe difent vos efclaves. C'eft
alors que vous cefferez d'être les dupes & les victimes de ces perfides, qui ne fe mettent à vos
genoux, que pour vous donner des fers, pour
immoler votre bonheur & votre réputation à leur
vanité, qu'ils ofent vous offrir pour un amour
véritable. Vous n'écouterez plus ces vils féducteurs qui ne veulent trop fouvent acquérir que
le droit de vous tyrannifer & de vous avilir.
Honorées & chéries, vous jouirez dans la Société d'une confidération bien plus flatteufe, que
celle que vous procureroient les conquêtes de
tant d'hommes légers, fur la conftance defquels
tout vous défend de compter. Enfin vous pos-
féderez au-dedans de vous-mêmes un bonheur
inaltérable : que la vertu feule procure ; & que
ni les plaifirs bruyants, ni la diffipation, ni le
fafte, ni le vice ne peuvent jamais remplacer.

CHAPITRE XI.

De la félicité domestique, ou du bonheur dans la vie privée.

Toute Société politique n'est qu'un assemblage de Sociétés particulieres; plusieurs familles en forment une grande que l'on appelle *Nation*. La Société générale n'est heureuse, que lorsque les Sociétés particulieres dont elle est composée, jouissent elles-mêmes de l'harmonie & des avantages d'où résulte le bonheur. Quelque puisse être la corruption publique & la dépravation générale des mœurs, chaque citoyen, chaque famille, chaque société particuliere ne s'en trouvent pas moins intéressés à pratiquer la vertu. Ceux qui prétendent chercher, dans une perversité générale, des motifs pour justifier leurs déréglements particuliers, raisonnent aussi juste que celui qui, dans un incendie dont sa maison se trouveroit exempte, y mettroit le feu de gaîté de cœur, afin de s'envelopper dans le malheur de ses concitoyens; ou bien que celui qui chercheroit à s'infecter lui-même d'une contagion, dont il verroit périr tous ses voisins.

Plus une Nation est corrompue, plus le citoyen raisonnable prendra de précautions pour se garantir de l'infection publique. Dans l'impossibilité où il est de remédier aux maux de sa Patrie, il cherchera du moins à se faire un bonheur domestique, qui lui donnera la force de sup-

porter les infortunes générales. Sous un mauvais Gouvernement, il est bien difficile d'exercer des vertus publiques ; l'homme de bien, o-
bligé de se mettre à l'écart, est visiblement intéressé à s'exercer chez lui à la pratique des vertus nécessaires pour s'attirer l'estime, l'attachement & les secours des êtres dont il est immé-
diatement environné. Ainsi il se sentira fortement intéressé à se montrer époux tendre & fidele, pere sensible & vigilant, maître équitable,
indulgent & facile, ami sincere, &c. En un
mot, tout homme qui réfléchira sur le but qu'il
se propose dans toutes ses actions, reconnoîtra
sans peine que, pour être solidement heureux
& content lui-même, il doit s'occuper du bonheur & du contentement des êtres qui l'entourent.

D'après ces principes, il sera très facile de
découvrir nos devoirs dans toutes les positions
de la vie, & de démêler les motifs que nous
avons de les remplir. Le mariage est la premiere des Sociétés ; c'est celle qui par sa nature
influe le plus directement sur le bien-être de
l'homme. Il ne s'unit à une femme, qu'en vue
d'un bonheur plus grand que celui, qu'il peut se
promettre en vivant seul. Indépendamment du
besoin naturel de se propager, il espere trouver
dans sa compagne une amie tendre, dont les
intérêts seront toujours liés aux siens, disposée
à partager avec lui les plaisirs & les peines de la
vie. L'estime & l'amitié, comme on l'a dit plus
haut, sont bien plus nécessaires que l'amour même au bonheur des époux. Est-il rien de plus
délicieux que cette heureuse sympathie, cette
conformité de goûts, cette indulgence récipro-

que, ces consolations si douces, qui font que
deux êtres unis déjà par les liens du plaisir,
s'identifient, se fortifient, se soutiennent mu-
tuellement par le désir continuel de se plaire?
L'estime les ramène à l'amour & l'amour à l'estime.

La possession d'une femme aimable ou vertueuse est, sans doute, la plus douce des possessions; c'est un être sensible, qui partage à tout
moment le bonheur qu'il nous donne & qu'il reçoit de nous. Est-il sur la terre de félicité
plus pure, que celle que peut donner le commerce
habituel de deux époux bien unis qui lisent réciproquement dans leurs yeux les sentimens d'un
amour sincere, la sérénité de la tendresse, l'amitié, l'air assuré de la confiance, les douces solli-
citudes de l'attention & de l'envie de plaire? Si
quelque nuage s'éleve au milieu de ce calme enchanteur, & l'estime & l'amour l'ont bientôt
dissipé.

Telles sont les douceurs que l'homme raisonnable doit se proposer dans l'union conjugale.
Vainement les attendroit-on de l'argent, qui
trop souvent ne fait qu'enivrer & corrompre ceux
qui le possedent. C'est dans les sentimens honnêtes inspirés par une éducation vertueuse, c'est
dans la raison, que l'on peut espérer de trouver
les motifs d'un attachement solide; il n'est point
fait pour ces époux, à l'union desquels l'intérêt
seul a présidé: il n'est point fait pour ces esprits
frivoles qui ne voient le bonheur que dans des
plaisirs tumultueux: il n'est point fait pour ces
époux pervers que le vice désunit & rend incommodes les uns aux autres: enfin il paroît romanes-

que & chimérique à des êtres corrompus par le luxe, qui ne se marient que pour acquérir de nouveaux moyens de contenter leur vanité, leurs folies & leurs déréglements.

HEUREUSE médiocrité! c'est souvent dans ton sein que se trouvent les époux fortunés. C'est là que l'on voit un pere vigilant & laborieux, jouir, à côté d'une épouse vertueuse, de la récompense des soins qu'il donne à sa famille. C'est là qu'entourés d'enfans respectueux & tendres, des parents bienfaisants exercent l'empire si juste que donne la bienfaisance & la bonté paternelle. C'est là que ces enfans soigneusement élevés apprennent à devenir les soutiens de la vieillesse de ceux qui leur ont donné le jour. C'est là qu'une fille, sous les aîles d'une mere vertueuse, apprend à devenir elle-même une mere de famille, & à s'occuper du bonheur de l'époux que le sort lui destine. Enfin c'est là qu'une vie sagement occupée détourne les esprits des idées vicieuses ou des plaisirs bruyants, qui trop souvent sont les écueils de l'innocence & de la félicité domestique.

QUE de motifs un pere n'a-t-il pas pour aimer ses enfans & pour leur inspirer le goût de la vertu! Il voit en eux son ouvrage; en leur donnant le jour, il s'est multiplié lui-même; il s'est fait des amis, des coopérateurs futurs de son propre bonheur, des êtres dont les intérêts font invariablement liés aux siens, des sujets & des associés empressés à lui plaire; enfin en eux il voit d'autres lui-mêmes, destinés à transmettre sa mémoire & son nom à la postérité. Mais ces espérances ne font que des illusions & des chimeres, fi, par l'éducation qu'il donne à fes enfans, le Pere ne feme dans leurs ames les fentimens qu'il efpere y recueillir un jour. Des parents injuftes & pervers ne peuvent former que des enfans qui leur reffemblent, ils ne trouveront en eux que des envieux cachés qui rempliront leur vie d'amertumes & qui ne ferviront qu'à redoubler pour eux le poid des chagrins de la vieilleffe.

S'IL y a fi peu d'enfans dociles & fages, c'eft qu'il eft bien peu de parents vertueux & raifonnables. Il faut des mœurs honnêtes, des exemples refpectables, une autorité jufte & tempérée par la douceur, pour former des enfans attachés & refpectueux. Peres & meres qui voulez former des enfans qui foient un jour pour vous des amis finceres, qui deviennent les confolateurs & les foutiens de votre vieilleffe, montrez-leur des vertus; exercez de bonne heure la fenfibilité de leurs ames; approchez-les de votre cœur; faites-leur fentir avec tendreffe l'intérêt qu'ils ont de fe conformer à vos défirs; ne les puniffez qu'avec juftice, ayez de l'indulgence pour leurs foibleffes, ne montrez de la févérité que pour ces défordres qu'ils vous reprocheroient un jour d'avoir trop ménagés. Souvenez-vous que ce n'eft qu'à l'aide de l'équité & de la bonté, que vous rendrez fupportable le joug de l'autorité: ce n'eft qu'en cultivant la raifon de vos enfans, que vous leur ferez oublier que vous êtes leurs maîtres, & que vous pourrez leur rendre votre joug aimable.

ON s'apperçoit communément que l'attachement des peres pour leurs enfans eft bien plus tendre, que celui des enfans pour leurs peres.

Mais un peu de réflexion suffit pour expliquer ce phenomène. Un pere est toujours le bienfaiteur & le maître de son fils; & la dépendance ne peut aimer l'autorité, que lorsqu'elle est adoucie par beaucoup de bonté.

La tendresse & les soins des parents peuvent donc seuls exciter la reconnoissance des enfants. C'est alors qu'un fils bien né s'attendrit à la vue de l'auteur de ses jours; tout lui rappelle ce qu'il doit à celui qui a secouru son enfance, qui a guidé sa jeunesse, qui l'a rendu membre estimable de la Société, qui lui a fourni les talents & les moyens nécessaires pour se soustraire à l'ennui & aux vices dont il voit tant de victimes. Pénétré de ces idées, il consolera la vieillesse d'un pere que tout lui montrera comme la source de son bien-être; il donnera des soins empressés à celle dont le sein l'a porté, qui a soulagé avec bonté les incommodités de son enfance importune. Quels droits ne conservera pas sur le cœur d'un enfant bien né, une mere respectable, qui s'est tendrement occupée de sa conservation & de ses jeux innocents? Quel est le fils assez dénaturé pour voir d'un œil sec les larmes d'une mere ou les infirmités d'un pere dont la bouche lui a donné les premieres leçons de la sagesse!

Si le luxe, la dissipation, la corruption des mœurs parviennent à briser les liens nécessaires & sacrés, faits pour unir ensemble les peres & les enfants, si ceux-ci ne vivent communément ensemble que comme des étrangers, des indifférents, des ennemis; on ne doit pas être étonné de voir le peu d'union qui subsiste trop souvent entre les membres d'une même famille, & de

trouver presque par-tout les liens du sang totalement méconnus. Une famille n'est pour l'ordinaire qu'une Société particuliere composée de
gens mal intentionés, envieux, dont les intérêts,
au lieu de se réunir, se combattent de front ;
qui forcés d'essuyer fréquemment les effets incommodes de leurs passions, de leurs défauts,
de leurs folies réciproques, ont d'ordinaire les
unes pour les autres bien moins d'attachement,
que pour les étrangers, dont les défauts sont
moins connus ou mieux cachés.

PLUS une Nation est corrompue, & plus les
membres d'une famille devroient se rapprocher,
afin de travailler de concert à leur félicité particuliere, & de résister aux coups du sort. Une
famille bien unie annonce un assemblage d'hommes honnêtes & raisonnables ; c'est le vice & la
déraison qui mettent la division entre les membres d'une Société, que leur intérêt devroit toujours tenir unis. Sans équité, sans indulgence,
sans désir de plaire, sans égards, des personnes
que le sort a placées à côté les unes des autres,
ne peuvent tarder à se blesser réciproquement.
Ces dispositions, nécessaires pour vivre avec
agrément avec tous les êtres de notre espece, le
deviennent encore bien plus entre des parents
qu'une fréquentation familiere met à portée de
se voir de plus près que les autres.

LES malheurs supportés, soulagés, partagés
par un grand nombre de personnes deviennent
plus légers. Les infortunes ne sont pas sans remede pour les membres d'une famille bien unie ;
le riche y secoure le pauvre ; le sage aide les autres de ses conseils ; l'homme en crédit soutient

les foibles ; tous forment un rempart contre les attaques de l'adverſité. Les grands, les riches, les hommes puiſſants ſentent très peu les avantages qui réſultent de l'union des familles; elle ſe trouve plus communément dans la médiocrité : les hommes d'une claſſe ordinaire ſentent bien mieux, que ceux d'un ordre plus élevé, le beſoin qu'ils ont les uns des autres; une heureuſe habitude leur montre dans leurs proches, des amis donnés par la nature, dont ils ont intérêt de ne point ſe priver.

L'EFFET ordinaire du luxe, de l'opulence & de la grandeur, eſt d'endurcir le cœur. L'homme vain n'a point d'entrailles; les richeſſes les plus amples ne peuvent ſuffire aux dépenſes que le faſte change en beſoins. L'orgueil du riche rougit à la vue de parents pauvres: la néceſſité de repréſenter ne lui laiſſe jamais de ſuperflu; il préfere le futile avantage de briller, au plaiſir de tendre une main ſecourable à ſes proches; il les immole ſans pitié à des flatteurs, à des paraſites inconnus, à de prétendus amis qui le trompent & le dévorent.

ON ſe plaint tous les jours de la rareté des amis véritables. Mais dans une nation compoſée d'êtres vains, frivoles & vicieux, qui ne ſe lient que dans la vue du plaiſir, qui n'ont beſoin que d'approbateurs de leurs déréglements, qui ſe font des amis, ſans ſe donner la peine de les connoître, qui ſont peu ſuſceptibles d'un attachement durable, comment trouveroit-on des liaiſons ſolides? Les grands & les riches ne cherchent qu'à briller; ils ne ſont attachés qu'à leur folle vanité; ils ne veulent que des complaiſants,

des

des ames baſſes, des adulateurs, des admirateurs de leurs goûts. Des hommes de cette trempe les aident à diſſiper une fortune, dont ils ſont incapables de faire un uſage ſenſé. Les méchánts n'ont point d'amis, ils n'ont que des complices. Les inſenſés n'ont point d'amis, ils n'attachent à leur ſort que des fourbes intéreſſés à profiter de leurs folies. Des hommes incapables d'aimer & de ſentir le mérite & la vertu, ne peuvent être entourés que de gens mépriſables, qui les mépriſent eux-mêmes en profitant de leur ſotiſe.

L'AMITIÉ véritable ne peut être fondée que ſur les talents, le mérite & la vertu. Si les amis ſinceres ſont peu communs dans le monde, c'eſt qu'il eſt très peu de gens qui ſoient dignes d'en avoir, ou qui connoiſſent le prix de l'amitié véritable. Dans une nation vicieuſe, on ne veut que des hommes agréables, légers, amuſants. Mais le flatteur hypocrite, l'ami de la fortune, le vil paraſite, le compagnon de nos débauches, le convive enjoué, l'homme à la mode ſont-ils des êtres capables de nous conſoler dans nos peines, de nous aider de leurs conſeils, de nous ſervir utilement dans des circonſtances épineuſes? On ne voit ſi peu d'amis, que parce qu'on a la folie de proſtituer le nom ſacré de l'amitié à une foule d'hommes, qui n'ont aucunes des qualités néceſſaires pour le mériter. Un ami, dans le langage vulgaire, eſt un homme qu'on voit ſouvent, & qui n'a quelquefois aucune des qualités que l'on doit eſtimer.

Vous vous plaignez de vos amis; vous êtes ſurpris de voir qu'ils vous quittent en même tems

Tome III.   K

que le crédit, la puissance ou la fortune vous abandonnent. Mais est-il donc bien sûr que vous ayez eu des amis? Avez-vous mérité d'en avoir? Vous êtes-vous donné la peine d'examiner ce qui attiroit près de vous, des hommes à qui vous avez si libéralement prodigué le nom d'amis? Grands de la terre, riches fastueux & vains, a-gréables débauchés! êtes-vous donc faits pour a-voir de vrais amis? N'auriez-vous pas sottement accordé ce titre respectable à des flatteurs, à des ames basses, à des esclaves de votre crédit? Rentrez donc en vous-mêmes & rendez-vous justice. Ceux que vous avez pris pour vos amis n'étoient que les amis de votre rang, de votre fortune, de votre pouvoir, de vos festins splendides, des plaisirs variés que vous pouviez leur procurer : privés une fois de toutes ces choses, vous n'êtes plus rien à leurs yeux. Vous vous êtes ruinés, vous avez follement sacrifié votre bien-être réel & celui de vos enfants à des hommes méprisables qui, au moyen des complaisances, des basses-ses & des flatteries dont ils vous ont repus, comp-tent vous avoir très amplement payés des dépen-ses que vous avez faites pour eux, ou plutôt des folies qui n'avoient pour objet réel que votre vanité.

Tout le monde convient de la rareté des vrais amis; & cependant chacun se flatte d'être lui-même une exception à la regle, & de posséder exclusivement des amis incomparables : l'a-mour propre lui persuade, sans doute, qu'il doit faire des enthouasistes. Ainsi beaucoup de gens, après s'être fait des amis imaginaires, auxquels ils supposent la chaleur qu'ils désirent, font tout furpris de voir qu'ils fe font trompés, & qu'ils n'ont eu que des ennemis, des jaloux, des envieux.

L'ami de tout le monde n'eft l'ami de perfonne. L'amitié eft un fentiment férieux & réfléchi dont des êtres inconftants & légers ne font point fufceptibles. Un ami véritable eft un tréfor uniquement deftiné pour l'homme de bien qui en connoît le prix. Son ami n'eft pas celui qui le flatte ou l'amufe, c'eft celui qui lui donne des confeils utiles, qui le fortifie, qui le confole des malheurs de la vie, qui l'aime pour lui-même, c'eft-à-dire pour les qualités de fon efprit & de fon cœur, & non par des vues baffes ou pour des avantages que le hazard peut ravir à chaque inftant, & qu'il accorde bien plus fouvent à des hommes fans mérite & fans vertus, qu'aux gens vraiment capables d'en jouir.

La chaleur douce de l'amitié n'eft point faite pour le fein glacé de la grandeur altiere que fon orgueil rend communément infenfible: elle n'eft point faite pour le cœur gâté de l'homme corrompu par le vice; elle n'eft point faite pour l'imagination enivrée de l'homme qu'entraînent des paffions aveugles. Elle n'eft point faite pour l'efprit volage de l'homme qui ne cherche qu'à s'amufer. Elle n'eft pas faite pour le fat qui, rempli de lui-même, ne peut s'attacher à perfonne. Elle n'eft point faite pour des enfans diffipés que la folie raffemble, & que les moindres jouets divifent. L'amitié fincere & folide eft faite pour l'homme folide & vrai; il trouve en elle des charmes inconnus de ces êtres futiles & malins, dont

le tourbillon du monde eft rempli. Elle l'aide à
fupporter les chagrins de la vie; elle le confole des duretés d'un Gouvernement injufte; elle
le fortifie contre les coups de l'adverfité; elle le
dédommage de l'injuftice des hommes.

TOUT nous prouve donc qu'au milieu de la corruption générale, l'homme de bien, forcé de fe
concentrer en lui-même, eft encore à portée de
jouir d'une foule d'avantages, de plaifirs purs,
de biens folides, dont des hommes inconfidérés
& méchants font totalement privés. Il goûte à
chaque inftant la fatisfaction fi douce, de rencontrer la confolation & la tendreffe dans une femme empreffée à lui plaire, dans des enfans qui
répondent à fes vœux, dans fes proches, dans
l'ami fidele & difcret qu'il rend dépofitaire des
fecrets de fon cœur. Tout eft jouiffance pour
le fage; l'homme frivole ou méchant ne fçait
jouir de rien.

L'HOMME jufte & fenfible ne néglige pas le
bien-être de fes ferviteurs. Tandis que l'homme hautain avilit les fiens par fes mépris & fon
inhumanité; tandis que l'homme vain fe plait à
leur faire fentir durement fon empire & s'en fait
des ennemis, le fage qui connoît les droits de
l'humanité, refpecte fon femblable, cherche à
rendre au malheureux les chaînes de la fervitude
plus légeres. Il voit en eux des hommes utiles
à fon bien-être & non pas des efclaves qu'il puiffe méprifer ou maltraiter: il les traite donc avec
douceur, avec indulgence & bonté; il en fait
des amis que leur attachement rend zêlés; il fçait
qu'un bon valet eft un tréfor pour fon maître, &

que la bienfaisance a des droits sur les ames les plus incultes & les plus grossieres. Combien de serviteurs qui ont donné à leurs maîtres des preuves de courage, de grandeur d'ame, de noblesse, dont les hommes les plus élevés se sentiroient incapables! Ce sont les injustices, les duretés & les vices des maîtres, qui font tant de mauvais serviteurs; on les avilit, on les corrompt par son exemple, & l'on est tout surpris de les trouver vils, corrompus, intéressés, vicieux!

E s t-i l rien de comparable au bien-être & au contentement que peut se procurer chaque jour l'homme de bien qui jouit de l'opulence? Quelles douceurs n'est-il pas à portée de goûter, lorsque la nature & l'éducation l'ont doué d'une ame bienfaisante? La dissipation des villes peut-elle donc lui fournir des plaisirs aussi purs que celui de créer l'abondance, l'industrie, le bonheur dans les champs de ses peres? Est-il un tableau plus touchant, que de voir un grand qui, dans les possessions de ses ancêtres, vit au milieu de ses vassaux, dont chacun le regarde comme son bienfaiteur & son pere; qui rencontre par-tout les yeux attendris de la veuve, de l'indigent, du malheureux, que sa main a secourus; dont les oreilles retentissent à tout moment des bénédictions & des vœux du cultivateur que ses libéralités ont placé dans l'aisance? Enviera-t-il alors à ses pareils, le méprisable avantage d'intriguer dans une cour, de briller par un faste puérile, de ramper indignement dans l'anti-chambre d'un despote orgueilleux, qui montre un dédain égal à tous les esclaves dont il est entouré?

Q u e peut-il manquer à la félicité du sage favorisé de la fortune, quand l'éducation qu'il a reçue lui fournit encore pour toute sa vie les moyens de remplir agréablement par l'étude les intervalles que lui laisse l'exercice de ses Vertus? Quels amusements peuvent être comparés au plaisir toujours nouveau, de lire dans le livre immense de la nature, qui à chaque pas lui présente des spectacles dignes d'intéresser sa curiosité? Quelle occupation plus douce & plus diversifiée que celle que fournit à l'esprit exercé, la méditation de l'homme, des scenes si variées du monde moral, des tableaux de l'histoire? Si le désœuvrement & l'ennui font les sources des vices & des tourments de tant d'êtres frivoles & pervers dont le monde est rempli, l'homme qui de bonne heure a contracté l'habitude de penser, n'échappe-t-il pas, quand il veut, à l'empire de ces deux tyrans de la vie? Est-il des moments vuides ou pénibles pour un être dont la conscience satisfaite jouit d'une paix inaltérable, qui rentre à tout moment avec plaisir en lui-même, qui, assûré d'avoir mérité l'estime & l'attachement des êtres qui l'environnent, a le droit de s'estimer & d'être content de sa conduite, qui, dans chaque instant de sa durée, trouve des moyens de réveiller dans son propre cœur l'affection naturelle qu'il a pour lui-même, par l'exercice d'une justice, d'une bonté, d'une bienfaisance continuelles? Ces heureuses dispositions, en lui faisant savourer tous les moments de sa vie, le conduisent paisiblement vers un terme que la vertu seule est faite pour envisager sans crainte.

T e l s font pourtant les plaisirs aussi purs que

folides que méconnoiffent & que dédaignent tant d'hommes favorifés de la fortune, qui mettent follement leur bien-être à fe diftinguer par leur luxe, par leur fafte puérile, par un appareil impofant, incapable de remplacer le bonheur que des mœurs honnêtes, font feules en droit de procurer.

Que dis-je? du fond même de la tombe, l'homme de bien exerce encore fon pouvoir fur les hommes. Son cercueil eft arrofé des pleurs finceres de fa femme, de fes enfans, de fes amis, de fes concitoyens. La perte d'un homme vertueux eft une perte publique. Il a joui de fon vivant des effets qu'il doit produire: il a prévu les regrets que fon trépas devoit caufer. Il a vu dans fa propre confcience, & la tendreffe durable, & les monuments que fes vertus ont élevés dans tous les cœurs.

━━━━━━━━━━━━━━━━━━━━━━━━━━━━

CHAPITRE XII.

Remedes, des Calamités ou des Vices Moraux & Politiques. Apologie de la Vérité.

Sous quelque point de vue que l'on envisage les opinions, la conduite, les gouvernements & les mœurs des hommes, dès qu'il en résulte du mal, nous devons en conclure qu'ils se trompent & qu'ils sont les jouets de leurs préjugés. Dans une nation mal gouvernée & corrompue par le luxe & la contagion du vice, tout semble se liguer contre les mœurs, & par conséquent contre la félicité publique & particuliere. L'homme, dès qu'il ouvre les yeux, ne se voit entouré que d'exemples qui le détournent du bien & le sollicitent au mal. Il suce, pour ainsi dire, la corruption avec le lait; ses parents, bien loin de développer sa raison, lui enseignent le vice, lui inspirent leurs propres folies, leurs préjugés, leurs goûts déraisonnables. Ses instituteurs religieux ne permettent point à sa raison d'éclore, & ne lui donnent pour se guider que le flambeau lugubre de la superstition, dont la sombre lumiere ne fait que l'égarer: ses maîtres injustes lui font sentir que le vice seul lui est utile, & que la vertu ne seroit pour lui qu'un sacrifice douloureux.

Quel remede opposer à la dépravation générale des Sociétés, que tant de causes puissantes femblent devoir éternifer ? Il n'en eft qu'un ; c'eft la Vérité. Si l'erreur, comme tout le prouve, eft la fource commune des malheurs de la terre ; fi les hommes ne font vicieux & méchants que par ce qu'ils ont des idées fauffes de leur félicité, c'eft en combattant l'erreur avec courage & longanimité ; c'eft en leur préfentant des idées faines ; c'eft en leur faifant fentir leurs véritables intérêts, que l'on peut fe promettre d'opérer leur guérifon. En rendant l'inftruction générale, en répandant dans l'efprit du citoyen des principes utiles, en cultivant la raifon publique, on affoiblira peu-à-peu les funeftes influences des caufes qui corrompent les peuples & les rendent malheureux.

On nous répete fans ceffe que *tout eft dit* & que l'on ne peut plus rien dire de nouveau : l'on en conclut que rien n'eft plus inutile que les préceptes de la morale ou de la philofophie. Cependant, à en juger par la façon dont communément la vérité eft accueillie fur la terre, on eft forcé de reconnoître qu'elle eft toujours pour les hommes de la plus étrange nouveauté. Rien de plus nouveau pour eux, que de les entretenir des objets qui devroient leur paroître les plus intéreffants. Rien de plus nouveau pour eux, que les premiers principes de la raifon, de la morale, de la politique dont tout femble vouloir leur dérober la connoiffance. Rien de plus nouveau qu'une philofophie fimple, claire, intelligible pour des êtres accoutumés à croire qu'ils font faits pour errer dans les ténebres d'une ignorance perpétuelle. Rien de plus nouveau pour des êtres raifonnables, que de leur dire qu'ils doivent faire ufage de leur raifon. En un mot, rien de plus nouveau pour les hommes que la Vérité, que les forces réunies de l'imposture, de la tyrannie, de l'opinion, de l'éducation, de l'habitude semblent avoir pris à tâche de leur voiler pour toujours. Si la philosophie n'a rien de nouveau à dire aux hommes, pourquoi les défenseurs des préjugés & des abus subsistants se recrient-ils à tout moment sur la nouveauté des opinions philosophiques? Pourquoi s'en montrent-ils si allarmés? Pourquoi les proscrivent-ils avec tant de fureur?

LA haine pour la lumiere fut toujours le signe distinctif de ceux qui voulurent mal faire : l'anti-pathie pour la vérité annonce un dessein opiniâtre de nuire. L'amour de la vérité n'est que l'amour du genre humain, la passion de lui être utile, l'ambition de mériter ses suffrages, en lui faisant connoître ses intérêts les plus chers. Il n'y a que des cœurs honnêtes & sensibles qui s'occupent de la recherche du vrai; annoncer la Vérité, c'est la marque d'affection la plus forte que l'homme puisse donner à ses semblables : accueillir la Vérité est la marque indubitable d'une ame droite & sincere; la rejetter, l'étouffer & la craindre, constitue le caractere indélébile de l'imposture, de l'ignorance ou de l'endurcissement dans le crime.

„ MAIS, dira-t-on peut-être, à quoi peuvent
„ servir des vérités désolantes qui ne font pro-
„ pres qu'à faire sentir aux hommes leur propre
„ foiblesse & la puissance des auteurs de leurs
„ miseres? Dans l'état présent des choses, com-
„ ment des Peuples ignorants, également rete-
„ nus par les chaînes de l'opinion & de la force,
„ ou enivrés de vices & de frivolités, peuvent-

„ ils songer à briser leurs fers ou à se tirer de
„ leur ivresse? Ne vaudroit-il pas mieux leur
„ laisser ignorer les causes de leurs maux, aux-
„ quels ils sont accoutumés, que de les leur dé-
„ couvrir sans leur fournir des moyens pratica-
„ bles d'en arrêter les effets? Les nations subju-
„ guées iront-elles par des révolutions, par des
„ convulsions douloureuses, par des flots de sang,
„ acheter une liberté précaire & des biens incer-
„ tains, qui leur coûteroient plus de larmes, que
„ des calamités que l'habitude leur apprend à
„ supporter? Laissons aux hommes leurs préju-
„ gés; & puisque tout est lié par une chaîne in-
„ visible, soumettons-nous au destin, qui en
„ naissant nous condamne à souffrir, & les vices
„ du genre humain, & les fers des tyrans.''

La vérité rencontre autant d'obstacles dans
les préventions des nations qui souffrent, que
dans la méchanceté des oppresseurs qui les tourmentent. Celui qui annonce la vérité est obligé
de combattre à la fois la cruauté des tyrans & la
lâcheté de leurs esclaves. Les hommes pour la
plupart, sont si découragés, qu'ils semblent craindre la vérité, la liberté, la raison autant que
ceux qui mettent leurs erreurs à profit. Combien
de personnes dans le monde qui, victimes elles-
mêmes du préjugé, osent pourtant blâmer les
ennemis du mensonge, & regardent leurs entre-
prises, ou comme les effets d'un enthousiasme
extravagant, ou comme des attentats punissables?
C'est l'imposture qui est l'attentat le plus digne
de châtiment: elle insulte également & les Souverains & les Peuples: c'est la flatterie qui est
vraiment dangereuse, puisqu'en corrompant le
cœur des Rois, elle en fait les fléaux & les cor-

rupteurs de leurs Sujets. Si les gens de lettres prenoient pour éclairer les Princes, autant de peines qu'ils en ont pris trop souvent pour les flatter & les tromper, ils en feroient des hommes bien plus dignes de l'amour des Peuples & des éloges de la postérité.

Les ennemis de la raison humaine accusent tous les jours ses défenseurs les plus généreux, d'être des rebelles, des factieux, *des ennemis de toute autorité*. Ce sont les tyrans & leurs suppôts qui sont les vrais rebelles; ce sont eux qui révoltent les gens de bien contre l'autorité qu'ils usurpent; ce sont eux qui rendent l'autorité détestable & qui forcent la vertu de méditer sa ruine. L'homme de bien se soumet de grand cœur à l'autorité légitime qui veille, qui protege, qui conduit au bonheur. Haïr l'autorité tutélaire de son pays, ce seroit se haïr soi-même. Mais flatter le despotisme, encenser la tyrannie, approuver les destructeurs de la félicité publique, c'est trahir son pays, c'est se rendre complice des outrages qu'on fait à l'espece humaine, c'est se trahir soi-même. Que dis-je! n'est-ce pas trahir les Souverains, que de leur laisser ignorer les désordres dont, souvent à leur insçu, ils deviennent tôt ou tard eux-mêmes les victimes?

Tout citoyen est fait pour servir sa patrie; il lui doit ses talents, ses réflexions, ses conseils. C'est à elle qu'il appartient de les juger & d'en faire usage. Lui refuser ses secours, c'est se rendre coupable d'ingratitude, d'injustice, d'inhumanité. Empêcher le citoyen de servir sa Patrie, c'est se déclarer l'ennemi de la Patrie.

„ Mais, direz-vous, des écrits indiscrets peuvent
„ cauſer des troubles dans la Société. D'ail-
„ leurs, les hommes ſont ſujets à ſe tromper:
„ au lieu de ſervir ſon pays, un écrivain impru-
„ dent ne peut - il pas lui nuire par des opinions
„ dangereuſes? " Les erreurs des individus ſervent elles-mêmes à éclairer le public qui diſcute.
Les opinions ne ſont dangereuſes ou ne cauſent
du trouble, que lorſqu'elles ſont impoſées par la
force & ſoutenues par la tyrannie: les opinions
ſuperſtitieuſes ne cauſent des ravages, que parce
qu'elles ſont appuyées par les armes des tyrans.

Ce ſont les flatteries & les mauvais conſeils
qui font des mauvais Princes ou des Tyrans; ce
ſont les Tyrans qui diſpoſent les Peuples à la
révolte; ce ſont des ambitieux, & non des gens
de bien, qui font les révolutions. Ce n'eſt point
par des troubles & des violences, que la vérité
réforme les abus de la terre. Ce ne ſont pas les
maximes de la Philoſophie qui font éclore des
révolutions, ou qui excitent aux attentats. Ce
ſont les violences du Deſpotiſme qui, en irritant
les Peuples, les forcent à machiner ſa ruine;
c'eſt toujours la Tyrannie qui travaille à ſa de-
ſtruction propre, & qui indique aux hommes les
coups que l'on peut lui porter.

La vraie ſageſſe, toujours accompagnée de la
juſtice, de l'humanité, de la prudence, n'invite
point les hommes à commettre des crimes. Aſſû-
rée d'obtenir tôt ou tard le triomphe, elle ne ſe
hâte pas, comme l'impoſture ou l'ambition, de
l'acheter par le ſang & le malheur des mortels.
Ce n'eſt qu'à l'erreur qu'il appartient de diviſer
les eſprits, de produire des factions, d'allumer

les feux de la difcorde, d'armer des fanatiques du couteau régicide. Si quelquefois la vérité parle aux Princes d'un ton mâle ; elle ne les affaffine jamais. Elle leur découvre leurs intérêts ; elle leur montre l'équité ; elle les fait rougir de leurs folies ; elle laiffe enfuite au tems à leur prouver qu'elle n'eft point leur ennemie.

La vérité, faite pour régner fur tous les êtres raifonnables, a le droit d'être fiere, noble, intrépide. Elle exalte l'efprit, elle échauffe le cœur, elle confole, elle infpire du courage. Deftinée à tous les hommes, elle n'eft d'abord reçue que par un petit nombre d'entre eux qui en fentent le prix. S'il faut des ames fortes pour annoncer, il faut auffi des ames fortes pour recevoir & fupporter la vérité.

Si l'homme eft un être raifonnable, ne lui faifons pas l'injure de croire que la raifon ne peut lui convenir : difons que fa raifon n'eft pas encore fuffifamment développée. Ce n'eft qu'à force de chutes que l'enfant apprend à marcher ; l'âge de l'inexpérience & de la légéreté doit néceffairement précéder celui de la fcience & de la maturité. Ne difons pas que l'homme eft incorrigible ; nous ne ferions que le décourager. Difons que fon intérèt l'éclairera tôt ou tard ; difons qu'il n'eft pas fait pour demeurer toujours un enfant malheureux ; difons que la vérité eft affez forte pour renverfer peu-à-peu tous les vains édifices du menfonge, & que fon action, pour être lente, n'en eft pas moins certaine : les allarmes qu'elle donne aux méchants font des aveux de fon pouvoir & des hommages qu'ils lui rendent : ils fçavent que fa force eft faite pour vain-

&re tôt ou tard les obſtacles qu'ils lui oppoſent ils ſe promettent uniquement de retarder ſes effets.

Le germe de la Vérité eſt éternel, rien ne peut le détruire. Ni les efforts de la tyrannie, ni les ſophiſmes de l'impoſture ne l'étoufferont jamais. L'eſprit humain n'eſt point fait pour revenir ſur ſes pas; ſon eſſence eſt d'aller en ſe perfectionnant. Quelquefois les coups du ſort l'obligent de s'arrêter long-tems; mais enfin il reprend ſa marche & ſe dédommage bientôt du tems qu'il a perdu. Les vérités de tous les ſiecles ne ſont-elles pas à nous? Eh bien; celles de notre ſiecle appartiennent à nos deſcendants; mépriſées, contredites combattues & proſcrites par la race préſente, elles ſeront adoptées par les races futures.

MALGRÉ la lenteur des pas que fait la raiſon humaine, ce ſeroit ſe refuſer à l'évidence, que de nier ſes progrès. Nous ſommes viſiblement moins ignorants, moins barbares, moins féroces que nos peres; & nos peres l'étoient moins que leurs prédéceſſeurs. C'eſt ſans doute, dans les tems où les hommes étoient les plus ſtupides, que les lumieres de la raiſon ont dû trouver moins de diſpoſitions à ſe faire recevoir; cependant ces lumieres ont été plus fortes que la barbarie des Peuples, lors même qu'elle leur oppoſoit la réſiſtance la plus grande. Sur quel fondement douterions-nous donc des forces de la raiſon & d'une grande maſſe de lumieres, dans des tems où elles rencontreront, & moins de réſiſtance, & des eſprits mieux diſpoſés? La raiſon ne fait des progrès ſi peu ſenſibles, que parce que des hommes puſillanimes ſe défient du pouvoir de la vérité.

Les préjugés univerfels en impofent par leur force, leur étendue & leur durée, aux efprits même les plus lumineux, & font que fouvent ils défesperent du genre humain. *Il faut penfer pour foi, & parler comme les autres*, eft une maxime favorable à la pareffe, mais très nuifible aux progrès de l'efprit humain. Peu de gens ofent attaquer de front les erreurs univerfelles. Peu d'écrivains fe contentent des fuffrages fecrets d'un petit nombre d'approbateurs ; chacun craint d'être taxé d'extravagance, quand il fe voit prefque feul de fon avis ; mais pour fervir utilement les hommes il faut avoir le courage de leur déplaire ; il faut en appeller de leurs jugements prévenus, à leur raifon plus éclairée. Feroit-on jamais du bien, fi l'on craignoit toujours de faire des ingrats ?

PENSER avec hardieffe, c'eft s'écarter de la façon de penfer du vulgaire & de fes contemporains. Où en feroient les connoiffances humaines, s'il ne s'étoit jamais trouvé des enthoufiaftes affez courageux, pour réclamer hautement contre les préjugés de leur tems ? L'écrivain qui n'envifage que fon intérêt préfent, fa fortune, les applaudiffements d'une fociété frivole, ne peut guere fe flatter des fuffrages de la poftérité. Les erreurs pafferont, mais la Vérité fubfiftera toujours, & celui qui l'annonce peut efperer de l'avenir une louange que fes contemporains lui refufent.

TOUT homme qui voudra jetter un coup d'œil attentif fur la plupart des contrées de l'Europe, ne pourra s'empêcher d'y reconnoître les effets les plus fenfibles du progrès des lumieres. Ce que nous voyons eft fait pour nous confoler, & nous permet de croire que les maux des nations ne font

point

point incurables. Si l'erreur & l'ignorance ont forgé les chaînes des Peuples, si le préjugé les perpétue, la science, la raison, la vérité pourront un jour les briser. L'esprit humain engourdi pendant une longue suite de siecles de superstition & de crédulité, s'est enfin réveillé. Les nations les plus frivoles commencent à penser; leur attention se fixe sur des objets utiles, les calamités publiques forcent à la fin les hommes à méditer, & à renoncer aux vrais jouets de leur enfance. Enfin, lassés de leurs propres délires, les Princes cherchent quelquefois dans la raison, un remede contre les maux qu'ils se font faits. (29).

L'INTÉRÊT, la nécessité, le desir de se rendre plus heureux, voilà les grands maîtres des Peuples & des Rois. Si dans quelques contrées l'on voit encore quelques despotes stupides persister à vouloir exercer leur pouvoir destructeur, à la faveur des titres surannés de l'ignorance & de l'usurpation, nous voyons que ces titres sont au moins contestés, que les Peuples commencent à douter de leur authenticité, que la portion la plus instruite des sociétés ose réclamer contre eux, ou du moins les regarder avec mépris. Une violence passagere peut quelque tems réduire les hommes au silence, mais la tyrannie ne peut s'établir à demeure sur des esprits éclairés.

D'UN autre côté ne voyons-nous pas des na-

(29) Les Souverains, qui souvent s'opposent avec tant de forces aux progrès de la lumiere, devroient se souvenir que ce sont pourtant les progrès de la raison qui les ont affranchis eux-mêmes en Europe du joug du Pape. dont la puissance spirituelle sur l'esprit des Peuples, se faisoit sentir aux Princes de la façon la plus dure & la plus insupportable.

tions gouvernées par des Princes inftruits qui, plus curieux d'être vraiment grands, que de briller par un fafte puérile, commencent à fentir qu'un Monarque ne peut être heureux & puiffant, tant qu'il n'a fous fes ordres que des éfclaves abrutis dans la mifere & privés d'énergie? L'indigence & le découragement des Peuples fe font à la fin fentir jufqu'aux trônes. Des Etats ravagés & dépouillés par des extravagances réitérées n'offrent plus de pâture à l'avidité des cours (30). Après que les Sujets ont long-tems fouffert du délire des Rois, les Rois fouffrent à leur tour de leurs propres délires ; c'eft alors que le Defpote eft lui-même forcé de modérer fon pouvoir & de chercher dans la raifon ; un remede contre les maux que le Defpotifme a caufés. Il vient un tems où les maîtres de la terre font eux-mêmes forcés de fe courber fous la main puiffante de la néceffité ; elle les oblige de reconnoître que la tyrannie finit communément par miner elle-même le trône qui la foutient, que le tyran ne jouit de rien, qu'il n'exifte ni bonheur, ni grandeur, ni puiffance, ni gloire pour un Prince qui n'a pour Sujets que des malheureux dégradés par le vice, languiffants dans l'inertie, découragés par l'oppreffion, habituellement irrités du joug qui les accable, formant des vœux fecrets pour la deftruction du pouvoir dont ils font écrafés.

HORACE demande *ce que peuvent de vaines loix fans les mœurs* (31). Mais on peut demander

(30) *Acerbiffimum eft regibus delinquentibus fupplicium, id quod populis infligitur.*
VOYEZ GROTIUS DE JURE BELLI AC PACIS.
(31) *Quid leges fine moribus vana proficiunt?*

avec plus de raiſon, que peut une morale ſtérile ſans un Gouvernement & des Loix qui l'appuient? Pour guérir les Peuples de leurs vices & de leurs préjugés, il s'agit d'en guérir ceux qui gouvernent les Peuples. Comment inſpirer le goût de la vertu aux Peuples? C'eſt en faiſant connoître leurs véritables intérêts à ceux qui diſpoſent des cœurs des Peuples, ou qui tiennent dans leurs mains les grands mobiles des volontés, des déſirs & des actions des hommes. C'eſt aux Souverains, aux Légiſlateurs, aux Diſtributeurs des graces, qu'il appartient d'exercer la cenſure publique & de prêcher la morale avec fruit (32).

LA morale eſt faite pour indiquer les avantages de la vertu ; l'éducation doit en ſemer les principes ; l'habitude doit en rendre la pratique familiere ; l'opinion publique & l'exemple doivent la ſoutenir ; la légiſlation doit lui donner la ſanction de l'autorité ; le gouvernement doit la rendre plus perſuaſive à l'aide des récompenſes ; les châtiments doivent faire trembler tous ceux que leur perverſité rend ſourds à la voix de la raiſon.

La vertu, dit Cicéron, *eſt la nature portée à ſa plus grande perfection.* Cette vertu n'eſt ſi rare, que parce que peu d'hommes en connoiſſent les avantages. La raiſon humaine n'eſt pas encore

____

(32) Ceux qui affectent de douter qu'il ſoit poſſible de rendre un peuple raiſonnable, ne font pas attention qu'il s'eſt fait ſouvent dans les eſprits des Peuples les plus aſſervis à la ſuperſtition & au Deſpotiſme, des révolutions avantageuſes qui les ont au moins rapprochés de la raiſon. Le Peuple Anglois eſt parvenu à ſecouer ſucceſſivement en moins de deux ſiecles, & le joug de Rome, & le joug de la Tyrannie. Les Hollandois ont fait la même choſe. Les relations des voyageurs s'accordent à nous dire que l'on eſt parvenu à la Chine à donner de la politeſſe, même aux plus vils des citoyens : ſeroit-il donc plus difficile de leur donner de la raiſon?

fuffifamment exercée ; la civilifation des Peuples n'eft pas encore terminée ; des obftacles fans nombre fe font oppofés jufqu'ici aux progrès des connoiffances utiles, dont la marche peut feule contribuer à perfectionner nos Gouvernements, nos loix , notre éducation , nos inftitutions & nos mœurs.

Rendre les hommes heureux par la vertu : voilà le grand problême que la morale doit fe propofer de réfoudre. Il fera complettement réfolu, quand une Politique éclairée fera fentir aux maîtres de la terre que leur propre bien-être ne peut s'établir folidement que fur la juftice, la bienfaifance, l'humanité, la bonne foi, en un mot, fur la vertu. Les Peuples feront heureux & fages, quand ils feront gouvernés par des Princes pénétrés eux-mêmes de l'idée qu'il faut être fage pour être véritablement heureux.

PRINCES ! Légiflateurs ! Souverains ! Maîtres du monde ! Vous que le deftin a rendus les arbitres du fort des Nations ! attendriffez vous enfin fur les maux des mortels, dont vous êtes fi fouvent vous-mêmes les victimes. C'eft à vous qu'il appartient de donner des mœurs aux hommes : vous feuls pouvez fournir à la morale le pouvoir de les toucher, de les convaincre, de régler leurs actions. Vous tenez dans vos mains les grands mobiles de leurs volontés. Chargés de les conduire, que votre exemple les guide, que vos faveurs les invitent au bien, que vos loix les détournent du mal, que la raifon les détrompe de leurs folies, que l'éducation, dirigée par vos foins, leur faffe, dès l'âge-tendre, contracter l'heureufe habitude de la vertu ; qu'elle leur infpire l'horreur du vice, qu'elle rectifie les préjugés & les opinions qui les aveuglent & les rendent insensés & méchants. Justes, humains, fideles à vos devoirs, apprenez à vos Sujets l'équité, la bienfaisance, l'activité: encouragez-les au travail; qu'ils craignent l'oisiveté qui deviendroit pour eux une source de perversité. Rendez donc à vos Peuples la liberté que vous leur devez, sans laquelle tous les dons de la nature deviendroient inutiles, & pour eux, & pour vous. Brisez des chaînes avilissantes qui retiennent dans l'inertie des bras faits pour travailler au bien-être de tous. Renoncez aux maximes d'un Despotisme destructeur, qui ne peut que vous ensevelir vous ou votre successeur sous les ruines de vos Etats. Abjurez pour toujours cette gloire sanguinaire qui fait si souvent tarir les veines des Nations. Proscrivez à jamais les principes odieux d'une Politique infâme qui foule aux pieds la justice, la bonne foi, les traités les plus saints. Imposez un silence éternel à ces Conseillers perfides qui veulent séparer vos intérêts de ceux de vos Sujets, & vous faire renverser les loix qui vous servent de remparts à vous-mêmes. Mettez fin à ces impôts iniques, à ces véxations nultipliées sous lesquels on fait gémir en votre nom des Peuples dont on aliène les cœurs de vous. Non! vous ne serez ni grands, ni puissants, ni riches, ni chéris, ni fortunés, tant que vous ne commanderez qu'à des stupides abrutis par l'ignorance, irrités par l'injustice, flétris par la misere. Ecoutez enfin la voix de la vérité que la trahison empêche de percer jusqu'à vous. Elle seule vous fera connoître vos intérêts véritables : elle vous indiquera un bien-être plus réel que celui que

procurent la violence, l'opinion & l'imposture.
Elle vous préfentera le tableau lugubre des malheurs des Nations, de la chute des Trônes, de
la corruption des Cours, des ravages de la Tyrannie, afin que la vue du danger vous infpire une
frayeur falutaire, & vous excite à donner à l'autorité une bafe moins chancelante que celle d'un
pouvoir arbitraire. Cette vérité, effrayante pour
les Tyrans, doit être chere aux Souverains.
Elle vous apprendra à marcher d'un pas fûr à la
gloire. Elle vous dira d'être juftes, afin d'être
refpectés : elle vous dira d'être humains, afin d'ê-
tre chéris : Elle vous dira de punir le vice & de
récompenfer la vertu, afin de faire régner entre
vos fujets cette heureufe harmonie, d'où réfulte
la vraie gloire, la vraie puiffance, la vraie félicité des Peuples & de ceux qui les gouvernent.
En fuivant fes confeils, vous ferez grands ; vous
deviendrez les Dieux tutélaires de vos fujets ;
vous goûterez à chaque inftant le plaifir vraiment
divin de faire des heureux. Vos noms, chéris
de la race préfente, feront prononcés avec transport par la poftérité la plus reculée qui, en re-
cueillant les fruits durables de vos bienfaits, bé-
nira la mémoire des Rois adorés par fes peres.

FIN DE LA TROISIEME ET DERNIERE PARTIE.

TABLE DES CHAPITRES.

TROISIEME PARTIE.

DE L'INFLUENCE

DU

GOUVERNEMENT SUR LES MŒURS;

Ou des Causes & des Remedes de la Corruption.

FIN DE LA TABLE DE LA TROISIÈME PARTIE